Toni M. Schneider

Zu Pferd, zu Fuß
oder mit dem Fahrrad?

© 2019 Toni M. Schneider

Herausgeber: tredition GmbH, Halenreie 40-44,
22359 Hamburg
Autor: Toni M. Schneider
Umschlaggestaltung, Illustration: Daniela Fischer,
Toni M. Schneider
Lektorat, Korrektorat: Antje Röttgers
2. Auflage, 2021 Toni M. Schneider

Verlag: tredition GmbH, Halenreie 40-44,
22359 Hamburg

ISBN: 978-3-7497-7643-6 (Paperback)
ISBN: 978-3-7497-7645-0 (eBook)

Das Werk, einschließlich seiner Teile, ist urheberrechtlich geschützt. Jede Verwertung ist ohne Zustimmung des Verlages und des Autors unzulässig. Dies gilt insbesondere für die elektronische oder sonstige Vervielfältigung, Übersetzung, Verbreitung und öffentliche Zugänglichmachung.

Zur Bewahrung persönlicher Rechte wurden Namen geändert und anonymisiert.

Bibliografische Information der Deutschen Nationalbibliothek: Die Deutsche Nationalbibliothek verzeichnet diese Publikation in der Deutschen Nationalbibliografie; detaillierte bibliografische Daten sind im Internet über http://dnb.d-nb.de abrufbar.

Zu Pferd, zu Fuß
oder mit dem Fahrrad?

Es gibt ein Geheimnis, welches jeder von uns in sich trägt: den Weg zu einem Leben nach den eigenen Vorstellungen. Wie beschreite ich diesen Weg? Wohl indem ich herausfinde, wie ich die eigene Zeit sinnvoll und hingebungsvoll nutzen kann. Ich habe sehr lange gebraucht, um zu verstehen, dass diese Erkenntnis der erste Schritt auf dem Lebensweg ist.

Auf diesen ersten Schritt folgt der zweite. Es gilt, herauszufinden, wo ich hin will, mich zu fragen: Was berührt mich? Was erfüllt mich? Was macht mich in meinem Leben glücklich? Ist es ein Beruf? Ist es eine Partnerschaft? Oder ist es vielleicht finanzielle Unabhängigkeit?

All diese Wünsche und Ziele sollten stets Hand in Hand gehen mit Ehrgeiz, Hingabe und Ehrlichkeit. Diese inneren Vorgänge sind wie Richtungsweiser auf dem Weg zu einem erfüllten Leben. Sie bestimmen die Qualität dessen, was ich tue. Denn ohne ungehemmten Ehrgeiz, ohne aufmerksame Hingabe oder ungeschminkte Ziele bereitet eben alles nur noch halb so viel Vergnügen.

Der wichtigste Schritt aber lautet: Aufbrechen!

Ich gewinne dabei immer. Die investierte Zeit ist nicht verloren. Ich werde reicher durch die Erkenntnisse über mich selbst. Der Blick weitet sich für neue Wege. Wenn ich unzufrieden bin, ich mir von Herzen etwas anderes wünsche, sollte ich einen anderen Weg einschlagen und mich nicht damit zufriedengeben, faule Kompromisse einzugehen.

Gehe diesen Weg. Wenn Du wieder da bist, wirst Du ein anderer Mensch sein.

Das war mein erster Gedanke, bevor ich mich dazu entschied, den Jakobsweg nach Santiago zu gehen. Dann befielen mich Zweifel. Wollte ich das denn überhaupt? Ein anderer oder anders sein? Wusste ich denn, wer ich war? Wenn ich anders wäre, würde ich dann alles Schlechte einfach hinter mir lassen und nur noch das Gute sehen? Würde ich der, der ich wirklich bin? Würde ich bleiben, wer ich war? War ich mir wirklich sicher, dass ich diesen Weg überhaupt gehen wollte? Ja, ich war ganz sicher und musste in mich hineinlachen vor lauter Freude.
Ich nehme Dich mit auf meine Reise durch Spanien. Du wirst lesen, was ich erlebt, gefühlt und gesehen habe und vielleicht auch auf die eine oder andere Erkenntnis stoßen, die Du selbst schon gewonnen hast. Es freut mich, wenn Du aus meinem Buch etwas lernst, wenn Du es als Abendlektüre mit ins Bett nimmst. Ich möchte Dich dazu ermutigen, eine Reise zu wagen, vor allem zu Dir selbst. Ob Du nun jung bist oder alt, Dich bereits gefunden hast oder noch auf der Suche nach Deinem Lebenssinn bist: Ich lade Dich ein, mich auf meiner Reise zu begleiten, auch dann, wenn Du nicht mehr die Kraft haben solltest, Dich selbst auf eine physische Reise zu begeben und Du Erfüllung in Büchern findest, unterwegs in den grenzenlosen Weiten der Fantasie.
Wenn du dieses Buch gekauft hast, wirst Du mit Sicherheit einen Grund dafür haben. Vielleicht willst Du es

verschenken. Vielleicht leidest Du unter der Trennung von Deiner Partnerin oder Deinem Partner.

Ist es ein Neuanfang, den Du suchst? Treibt Dich die Abenteuerlust, und das Buch befriedet Dein Fernweh? Oder wünschst Du Dir, einen Menschen zu finden, der zu Dir gehört? Möchtest Du dem Alltagstrott für eine Weile entfliehen? Oder sehnst Du Dich danach, etwas Neues, Unbekanntes zu entdecken, außerhalb Deiner gewohnten Umgebung? Willst Du Deine Komfortzone für ein paar Stunden verlassen?

Ich habe Ja zu meiner Reise gesagt. Als ich mich dazu entschloss, den Jakobsweg zu gehen, hatte ich nur eine vage Vorstellung davon, warum ich dies tun wollte.

Viele, die mich nur oberflächlich kannten, fragten mich, ob ich den Weg aus religiösen Gründen laufen wolle, oder ob es mir darum gehe, mich selbst zu finden. Sie fragten mich, ob ich mich allein auf die Reise begeben wolle oder mit anderen gemeinsam. „Hast Du Dich beim Arbeitsamt abgemeldet, und hast Du an Deine Rente gedacht?!"

Ich weiß, ich sollte nicht alles unbedacht stehen und liegen lassen, so wichtig eine Reise auch sein mag. In diesem Moment jedoch hatte ich meine Priorität gefunden, und ich behütete sie streng. Nichts weiter hatte ich im Sinn, als fünf Wochen lang durch Spanien zu pilgern. Dass es irgendwann mein Weg werden würde, davon konnte ich bis dahin nur träumen. Kein einziger Zweifel oder Angst waren präsent, was alles passieren könnte, was mich erwarten würde, wie ich mich fühlen würde, und ob ich es wirklich wollte.

Ich verspürte keine besondere Vorfreude, die ich übrigens nie großartig hatte, eine Tatsache, die meinen Bruder immer wieder aufs Neue zur Verwunderung veranlasste, doch der Entschluss aufzubrechen stand fest.

Heute, einige Jahre nach meiner Wanderung auf dem *Camino* weiß ich, dass diese Haltung das Beste war, was mir zu diesem Zeitpunkt passieren konnte. Ich kannte auf keine meiner Fragen eine konkrete Antwort, wusste kaum die grobe Richtung.

Die Antworten, die ich auf meinem Weg fand, haben mich ein gewaltiges Stück glücklicher und auch reicher gemacht. Heute weiß ich, wie es sich anfühlt, wenn ich auf meine innere Stimme höre, die ich bis dahin des Öfteren vernommen, aber erfolgreich ignoriert hatte. Bis heute fällt es mir nicht immer leicht, sie aus den vielen anderen Stimmen herauszufiltern.

Im Jahr 2009 schloss ich das Gymnasium mit dem Abitur ab. Ich war einer der letzten Schulabgänger, die noch Zivildienst leisten durften. Die Bibliothek, bei der ich mich beworben hatte, meldete sich nicht, also folgte ich der Zusage aus der Landschaftspflege und trat eine Stelle als Gärtner in Berlin an, auf einer Insel mitten in der wunderschönen, idyllischen Havel.

Schon in jungen Jahren wollte ich Architekt werden, etwas später dann Schauspieler, dann wieder Architekt, Archäologe – auch eine Karriere als Psychologe oder Sänger zog ich ernsthaft in Erwägung. In viele dieser Berufe schnupperte ich hinein, um einen besseren Eindruck von der Arbeit zu gewinnen.

Gärtnern kam damals nicht für mich infrage.

Ich belächelte diejenigen, die am Samstagvormittag ihre Einfahrt von Laub befreiten und im Garten Unkraut aus den Fugen des grauen Rechteckpflasters kratzten. *Was für eine lächerliche und langweilige Arbeit,* dachte ich. Nun ja, diese Ansicht sollte sich noch ändern.

Es vergingen die ersten Wochen auf der Insel. Eines Tages, als ich Unkraut im Rosengarten der Pfaueninsel zog, schoss es mir wie ein Blitz durch den Kopf; etwas in mir sagte auf einmal, dass ich Gärtner sein wollte. *Ich? Gärtner? Laub harken? Aber sicher! Atme mal tief durch, und dann wird das schon wieder,* dachte ich.

Ab jenem Zeitpunkt vergingen einige Tage mit diesem Gedanken im Hinterkopf. Ich bemerkte, dass ich die anfallenden Arbeiten mit einer überraschenden Gelassenheit und Hingabe verrichtete. Ich war alles andere als gelangweilt. Die unglaubliche Ruhe der Natur, die mich umgab, hatte zu einer tiefgreifenden und nachhaltigen Veränderung in mir geführt. Ich war überrascht, wie schnell ich mich mit dem Gedanken anfreundete, Gärtner zu werden. Auf einmal gab es da einen Beruf, der möglicherweise später auch eine Art Berufung sein könnte. Ich schlug einen neuen Weg ein, den ich selbst bestimmte. Ich hatte etwas gefunden, das mich begeisterte, sodass ich mich um eine Ausbildung zum Landschaftsgärtner bewarb. Einen Tag vor der Abreise auf den Jakobsweg erhielt ich erfreulicherweise die Zusage.

Nach dem Zivildienst machte ich mich auf, den Jakobsweg durch Spanien zu laufen und trat danach meine Ausbildung im Schlossgarten von Sanssouci an. Diese Zeit war eine der besten, die ich je hatte, auch neben der

Lehr- und Lernzeit! Auf die Ausbildung folgte der Abschluss des Studiums der Landschaftsarchitektur in Berlin.

Warum erzähle ich das? Ich denke, es ist wichtig zu wissen, dass mir oft Situationen aus der Vergangenheit einfallen, die anders nicht hätten passieren können. Widerfahren mir häufig nicht genau die Dinge, über die ich mich am meisten aufrege, die ich mit aller Kraft von mir stoße, genauso wie jene, die ich mir von Herzen wünsche? Sind es am Ende beides Wünsche, die ich habe?

Menschen, die mich am meisten aufregen, werden plötzlich meine besten Freunde. Hobbys, die mich langweilten, sind auf einmal interessant. Wir Menschen verändern uns ständig, doch oft genügt schon ein Aufhänger, eine positive Situation, die uns überzeugt, umstimmt und neugierig macht.

Den Wert des Weges bestimme ich für mich selbst. Ich kann ihn gehen und mich verändern. Ich kann ihn ebenso gehen, und bleiben wie ich bin. Es hängt von mir ab, mit welcher Intention ich ihn gehe. Die Antworten, die ich erhalte, können mich überraschen, mich bestätigen und sie können mich für immer verändern.

Mit Sicherheit wird sich meine Wahrnehmung spürbar wandeln. Der Weg lässt mich erst in Ruhe. Er prüft, ob ich es ernst meine. Egal, ob ich fluche, ob es seit Tagen regnet, die Sonne zu heiß auf meine Schultern brennt oder ich einfach nur glücklich bin. Jeder Schritt zeigt mir mehr und mehr, wer ich bin und wo ich hingehe.

Seit ich ihn gelaufen bin, denke ich nahezu jeden Tag an die Zeit auf dem *Camino* zurück. Ich schwelge nicht nur in Erinnerungen, sondern denke kritisch über meine Erlebnisse nach, um heute mein Leben so schön wie möglich zu gestalten und nach meinen eigenen Vorstellungen zu leben.

Aufbruch: Von Berlin nach Bayonne
Die Reise beginnt

Es ist vier Uhr am Morgen. Die Sonne erhellt das kleine Schlafzimmer in der Dreier-WG, die ich seit fünf Jahren bewohne. Mein Rucksack ist seit Tagen gepackt, doch eine Sache fehlt noch: eine Hose! „Typisch Toni", brabbele ich verschlafen vor mich hin. Aufgeregt krame ich in meinem provisorisch aufgebauten Stoffschrank und finde eine blendend weiße Leinenhose. Der Stoff ist perfekt für diese Wanderung. Ich stopfe sie hektisch zwischen die anderen Kleidungsstücke in den Rucksack, denn es ist keine Zeit mehr, um alles platzsparend einzupacken. Dafür werde ich heute Abend sicher mehr Geduld haben.

Um sechs Uhr in der Frühe fährt mich mein Vater zum Flughafen nach Berlin Tegel. Bevor es losgeht, gönne ich mir noch einen Kaffee und etwas zu Essen, dann verabschieden wir uns und tauschen Umarmungen aus. Im Gehen winke ich ein letztes Mal, drehe mich um und verschwinde durch den Sicherheits-Check. Das erste Ziel ist der Flughafen Paris Orly. Im Flugzeug angekommen, suche ich meinen Platz am Fenster und setze mich. Die Tür schließt, der Flieger hebt ab. Er kreist eine großzügige Runde über Berlin. Wie schön und grün die Stadt von hier oben aussieht, wenn die ersten Sonnenstrahlen die Gebäude goldgelb erleuchten und der Nebel sich langsam lichtet.

Meine Gedanken stehen still, ich bin im Jetzt und Hier, 10.000 Meter über der Erde.

Von Paris aus soll es mit dem Zug Richtung Südfrankreich weitergehen. Bayonne, mein Tagesziel, liegt an der äußersten Spitze des Landes in unmittelbarer Nähe zu den Pyrenäen und dem atlantischen Ozean.

Der Flug vergeht zügig, und so sitze ich bereits am frühen Vormittag in einer lebendigen Pariser Patisserie, trinke einen großen Pott Kaffee und bestelle mir noch ein Schokocroissant dazu. *Schöner kann die Reise doch nicht beginnen*, denke ich und beobachte das rege Getümmel auf den Straßen.

Ein paar Stunden später trifft mein TGV ein und bringt mich in die geschichtsträchtige Stadt Bayonne. Die Fahrt dorthin dauert knapp sechs Stunden und bringt mich meinem Traum immer näher. Es ist bereits später Nachmittag geworden, als ich Bayonne erreiche. Die Türen öffnen sich mit einem leisen Zischen, und ich verlasse den Bahnhof in Richtung Süden. Es riecht nach Eisen, kaltem Fett und Essen. Der gleiche Duft, wie er aus den Schächten der U-Bahnhöfe in Berlin aufsteigt.

Der Fluss Adour fließt gemächlich Richtung Meer, dem rot schimmernden Sonnenuntergang entgegen, und trennt die Stadt in zwei Hälften. Schon auf den ersten Blick erkenne ich, wie schön sie ist. Auf der Suche nach einer Unterkunft für heute Nacht überquere ich den Fluss in der Hoffnung, in den ansteigenden und abfallenden Gassen der Altstadt eine Übernachtungsmöglichkeit zu finden. In einem Modegeschäft wird mir schließlich geholfen. Entgegen meiner Annahme, dass ich ohne Französischkenntnisse nicht sehr weit kommen werde, hilft mir die strahlende, aufgeschlossene Verkäuferin in fließendem Englisch weiter und lotst mich zurück auf die andere Seite des Flusses. Dort soll es mehrere Hotels geben, die ganz sicher noch ein Bett für mich frei haben. Das klingt wunderbar! Ich bedanke mich bei ihr und sehe mir noch ein paar Straßenzüge an, bevor ich einchecke. Ich passiere eine alte Kathedrale, flaniere durch die verwinkelten Gässchen, vorbei an unzähligen Bars, Geschäften, Konditoreien. Ich verliebe mich in französisches Gebäck – Baguette, Croissants, Eclairs.

Die ganze Stadt ist sehr gepflegt, zwar ordentlich, aber nicht spießig. Ich freue mich über die Eindrücke, doch eine Sache bereitet mir Sorgen. Mir drückt der Schuh! Und das meine ich nicht im übertragenen Sinne. *Na wunderbar, das geht ja gut los!* Ich versuche, den Schmerz zu ignorieren und laufe weiter. Am gegenüberliegenden Ufer des Flusses sehe ich schon eines der empfohlenen Hotels, das *Loustau*. Zwar hat das Hotel drei Sterne und ist dementsprechend teuer, aber bevor ich mit meinem bedrückenden Schuh weiterlaufe, gönne ich mir lieber eine Nacht für achtzig Euro und genieße wahrscheinlich zum letzten Mal auf meiner Reise die Ruhe eines Einzelzimmers. Das ist es wert! Wer weiß, was mich während der nächsten fünf Wochen erwartet. Ich bezahle, bedanke mich bei der charmanten Rezeptionistin und gehe auf mein Zimmer. Der Ausblick auf den Fluss Adour und die Stadt macht den Preis wieder wett. Ich verweile am offenen Fenster, halte inne, genieße die Abendstimmung.

Es lohnt sich nicht, für eine Nacht mein Hab und Gut im Schrank zu verstauen. Deshalb lege ich meinen Rucksack in eine Ecke des Zimmers, erfrische mein Gesicht mit kaltem Wasser und gehe los, um mir noch etwas zu Essen für den Abend zu besorgen. Viele der kleinen Läden haben bis weit nach 18:00 Uhr geöffnet. Das frische Obst und Gemüse in den alten Weinkisten beeindruckt mich - wie akkurat die Verkäufer es gestapelt haben! Es erinnert mich an meine Schulzeit, an den Kunstunterricht und die unzähligen Stillleben, die wir in dieser Zeit zeichneten.

Aus den Küchen der Hotels und Restaurants strömen verheißungsvolle Gerüche, die der warme Abendwind durch die Gassen des französischen Städtchens weht. Auf dem Rückweg zum Hotel setze ich mich auf eine Bank am Wasser und verträume die letzte halbe Stunde, bevor die Sonne untergeht. Ich rieche die frische, salzige Brise, die vom Atlantik her in die Stadt weht. In meinem Kopf ertönt Musik: mein Jakobsweg-Soundtrack. Er soll von nun an mein stetiger Begleiter und Stimmungsverstärker sein.

Nicht weit von mir amüsieren sich Kinder auf ihre ganz eigene Art. Sie haben kleine Tütchen aus einem Spender für Hundehalter gezogen und sie mit Wasser gefüllt. Ausgelassen bewerfen sie einander. Was für eine Freude sie ausstrahlen! *Das ist mal kreativ*, werde ich später am

Abend in mein Tagebuch schreiben. Zurück im Hotel sehe ich mir meine Füße an.

Ich bin überrascht, denn obwohl ich nur fünf magere Kilometer zurückgelegt habe, zeigt sich die erste Blase am Zeh. Bachblütenspray drauf und ab ins Bett. Mal sehen, ob es hilft. Angeblich soll es Wunder wirken.

Die erste Etappe: Von Saint-Jean-Pied-de-Port nach Honto
Zu Pferd, zu Fuß oder mit dem Fahrrad

Die Blase ist verschwunden. Meine Wanderung kann beginnen. Ich bin etwas aufgeregt, aber auch zuversichtlich. Dass ich in Anbetracht eines so großen Vorhabens trotzdem entspannt bleiben kann, hätte ich nicht gedacht.

Bevor es wirklich losgeht, frühstücke ich im Saal des Hotels. Ich esse so viel ich kann, trinke zwei Tassen Kaffee mit Milch und Zucker und mache mich dann auf zum Bahnhof. Rasch kaufe ich mir ein Ticket am Schalter und erkenne schon die ersten Pilger an ihrer Wanderkluft und der Muschel am Rucksack. Für sie beginnt heute ebenfalls die Reise auf dem *Camino*. Die Muschel galt bis zu Beginn des Spätmittelalters als Erkennungszeichen, dass ein Pilger den Weg bestritten hatte, und bis heute dient die Muschel als Schutzsymbol für Pilger.

Ich bin so glücklich, hier zu sein, dass ich es kaum in Worte fassen kann. Während ich geduldig auf die Bahn warte, kommt eine Frau auf mich zu. Sie lächelt bis über beide Ohren, ist sich aber offenbar nicht ganz sicher, ob sie mich ansprechen soll. Ich lächele ihr ermutigend zu, was sie in ihrem Vorhaben bestärkt: *„Excuse me. Do I have to stamp my ticket?"*

Ich bin nicht ganz sicher, was sie möchte, weil ich nur „Ticket" verstanden habe, sage ihr aber, dass es bereits entwertet ist und sie nur noch einsteigen muss. Hoffentlich war das die Antwort auf ihre Frage.

Um kurz vor zwölf Uhr am Mittag fährt unsere Bahn gemächlich in den Bahnhof ein. Zwei kleine Waggons mit großen Fenstern und weinroten, abgewetzten Kunstledersitzen darin kommen am Bahnsteig zum Stehen.

Im Waggon hält mir die Frau von vorhin einen Platz frei. Schweigend sitzen wir einander gegenüber, bis die Bahn anfährt. Die anderen Pilgergruppen unterhalten sich schon angeregt, da bricht die Frau das Schweigen: *„My name is Andrea."*

„I´m Toni. Nice to meet you." Wir begnügen uns mit ein wenig Smalltalk und unterhalten uns über die vorbeiziehende Landschaft. Andrea stammt aus Kalifornien, erzählt sie mir. Ich muss grinsen. Hier sitze ich und unterhalte mich mit einer Frau aus Kalifornien! Ich erzähle ihr von dem Lied *A rainy day in Vancouver*, das mir in den Sinn kommt. Sie freut sich mit mir, und wir fiebern dem nächsten Bahnhof entgegen. Ich glaube nicht, dass wir uns über das Gleiche freuen, aber das macht nichts, stelle ich schmunzelnd fest. Wir verstehen einander auf Anhieb. In den kommenden Wochen wird es wohl nicht bei dieser einen sympathischen Bekanntschaft bleiben. Außer uns sitzen noch etwa zwanzig andere Pilger im Waggon. Viele haben bereits die besagte Jakobsmuschel

an der Rückseite ihres Rucksacks befestigt und halten einen Wanderstock in der Hand.

Nach und nach weichen die sanft geschwungenen Hügel einer bergigen, dunkelgrünen Silhouette. Darüber wölbt sich ein hellblauer, wolkenloser Himmel. Nach knapp neunzig Minuten verlangsamt die Zuckelbahn ihre Fahrt und hält schließlich in Saint-Jean-Pied-de-Port, einem kleinen Ort, den ich in den vergangenen Wochen gefühlte tausend Mal gegoogelt habe. Ein bisschen aufgeregt war ich vor dem Aufbruch wohl doch, verspürte scheinbar auch Vorfreude.

Die kleine Stadt in der Region Aquitanien liegt zwischen den Flüssen Le Laurhibar und La Nivé de Béhérobie und wurde im 12. Jahrhundert an der Flanke eines Gebirges erbaut, den Pyrenäen.

Wir steigen aus und laufen eine malerische Gasse den Berg hinauf und auf ein Bogentor zu. Gemeinsam betreten wir das Pilgerbüro der *Amis du Chemin de Saint-Jacques*, um einen Pilgerpass zu erwerben. Auf dem Weg dahin begegneten wir schon vielen Pilgern, die Fotos schossen oder auf der Suche nach ihrer ersten Unterkunft waren. Der Pilgerpass ermöglicht es uns, zu einem geringen Preis oder sogar nur für eine freiwillige Spende in die Herbergen entlang des Weges einzukehren.

Im *Credencial del Peregrino*, dem Pilgerpass, kreuzen wir an, ob wir zu Pferd, zu Fuß oder mit dem Fahrrad unterwegs sind. Ja, genauso steht es da. Ist das aufregend! Wie viele Pilger zu Pferd werden mir wohl begegnen? Ich trage meinen Namen ein und erhalte eine Nummer und einen ersten Stempel. Jetzt sind wir offiziell Pilger. Ich kann immer noch nicht fassen, was ich mir vorgenommen habe. Der erste Tag auf dem *Camino* steht bevor, denn die Herbergen in Pied-de-Port sind, wie erwartet, bis auf den letzten Platz belegt. Uns bleibt also nichts anderes übrig, als uns auf den Weg zu machen. Andrea und ich erkennen in der Ferne einen Supermarkt und kaufen das Nötigste für die erste Etappe ein - Wasser, Bananen und Kekse.

Die Schilderflut auf dem *Camino* ist beeindruckend, der Weg ist gut gekennzeichnet: Eine gelbe Muschel weist uns die Richtung. Wir wenden uns nach rechts und steigen den Berg hinauf. Auf immer schmaler werdenden Wegen gelangen wir zum Fuß der Pyrenäen. Asphalt geht in Betonplatten über, und die Erde seitens der Wege verfärbt sich rostrot. Schon jetzt spüre ich meine Beine, den Rucksack auf meinem Rücken und die Wärme. Ich trinke einen Schluck Wasser. Das Refugium *Ithurburia* in Honto soll unser heutiges Nachtlager sein. Nach zwei Stunden erreichen wir unser Tagesziel. Glücklicherweise sind noch zwei schlichte Zimmerchen frei, in denen wir gemeinsam mit einer Italienerin übernachten. Beide Räume sind nur getrennt durch eine dünne Wand. Eine Tür gibt es nicht, und das Bad mit Dusche befindet sich direkt neben meinem Bett. Folglich führen Pflegegänge jeder Art wohl oder übel an mir vorbei. Jeder Pflegegang! Die Unterkunft kostet uns satte siebenundzwanzig Euro. Der Preis überrascht mich, doch ich erfahre bald, dass diese Herberge eine der wenigen ist, die einen so hohen Preis verlangt. Schließlich ist sie die erste auf dem Weg. Ich bin erleichtert, denn sonst würde mein Geld niemals bis Santiago reichen.

Ich dusche, nehme mein Tagebuch zur Hand und gehe hinaus auf die Terrasse. Als ich die Tür öffne, breitet sich ein unglaublicher Ausblick vor mir aus. Ich bin erst am Fuß der Pyrenäen, doch die samtigen, wie mit einer grünen Decke überzogenen Berge rauben mir schon jetzt den Atem. Obwohl ich im Gebirge aufgewachsen bin, erstaunt es mich jedes Mal aufs Neue, wie schön diese Landschaft doch sein kann, obwohl ich auch das Flachland liebe. Während ich schreibe, ziehen hinter den Bergen dunkelblaue, fast schwarze Wolken auf. Es sieht beeindruckend aus. Über mir kreisen Adler hoch über der grasbedeckten Landschaft, die steil ins Tal abfällt. Noch ist es ruhig, und ich vernehme nur das unmerkliche Rauschen des Windes.

Ich sitze am Gartentisch in der Herberge und mache mir Gedanken über den Weg. Was kann passieren, was werde ich sehen? Sind fünf Wochen eine lange Zeit, wenn man ganz auf sich alleine gestellt ist? Auf keine dieser Fragen kann ich bisher auch nur annähernd eine Antwort geben.

Das Essen ist wunderbar. Die Italienerin kennt die Besitzer unserer heutigen Unterkunft noch von früher. Sie übersetzt für uns, und wir verbringen einen schönen Abend. Es gibt roten als auch weißen Wein.
Als Hauptspeise werden Weißbrot und eine Platte mit verschiedenen Wurst- und Käsesorten serviert. Dazu gibt es in Rotwein und Paprika geschmortes Lamm mit Rosmarinkartoffeln. Es strömt ein Duft durch die Räume, bei dem mir das Wasser im Munde zusammenläuft, und ich nehme die Gerüche gierig in mich auf. Der Koch ist schon etwas älter, und seine Geschichten treiben uns an diesem wunderbaren Abend noch des Öfteren vor Lachen die Tränen in die Augen.

So ist es also, wenn man auf Reisen geht. Dieses Gefühl, unterwegs zu sein, überall zu Hause zu sein, beginnt in mir zu arbeiten. Es muss etwas damit zu tun haben, dass ich plötzlich auf mich selbst zurückgeworfen bin und nur für mich selbst Verantwortung trage. Ich schließe Freundschaft mit Menschen, von denen ich mich am nächsten Tag schon wieder verabschiede, manchmal für immer.

Es ist halb zehn, ich lege mich ins Bett. Mein Bauch schmerzt vor lauter Lachen und von dem reichhaltigen Essen. Es ist ein Abend zu Ende gegangen, den ich so schnell nicht vergessen werde. Draußen regnet es, ab und zu zucken kilometerlange Blitze durch die Nacht, gefolgt von Donner, der sich über den Bergen entfaltet. Regenwasser läuft unentwegt an der gläsernen Veranda hinab. Durch die exponierte Lage der Herberge kann ich die Blitze in voller Länge bewundern. Die Witterung wird immer stürmischer, Tropfen prasseln auf das gewellte Dach und helfen mir beim Einschlafen.

Zweite Etappe: Von Honto zum Kloster von Roncesvalles

„Go on, Toni!"

Es ist sechs Uhr am Morgen. Die Nacht war sehr erholsam, und ich konnte Kraft schöpfen. Nach dem Zähneputzen gehen wir gemeinsam zum Frühstück. Wo gestern das Abendessen serviert wurde, finde ich jetzt einen reich gedeckten Tisch vor. Zwar ist die Auswahl der Speisen nicht groß, aber es ist mehr als genug für alle da. Ich fühle mich wie in dem Märchen *Tischlein deck Dich.* Ich esse Baguette mit Aprikosenmarmelade, obwohl ich morgens eher Herzhaftes bevorzuge.

Es kommt wohl auch darauf an, wo man eine Speise oder ein Getränk genießt.

Es ist mir schon oft so ergangen, dass ich in anderen Ländern etwas gegessen oder getrunken habe, das mir zu Hause in Deutschland nicht mehr so gut geschmeckt hat. Ich bringe den Daheimgebliebenen einen leckeren Wein mit und muss dann erfahren, dass er nur ganz okay war.

Zu Baguette und Marmelade gibt es Kaffee, aber wirklich munter macht er mich nicht. Auch die Unterhaltungen meiner Zimmergenossinnen können meine Stimmung nicht heben. Es regnet und stürmt seit gestern Abend ununterbrochen, und ich versinke in Gedanken. In vielen Berichten anderer Wanderer habe ich gelesen, dass ihre Wanderung auch in diesem unbehaglichen Wetter begann. Aber es hilft ja nichts. Schließlich packen wir unsere Rucksäcke, werfen die Regenponchos über und brechen auf.
Zwei Routen führen über die Pyrenäen. Wenn es stürmt oder schneit, kann und sollte man den leichteren, sicheren Weg wählen. Dieser verläuft zwischen den Bergen hindurch nach Roncesvalles. Wir nehmen die *Route Napoléon*, eine alte Marschroute Napoleon I. aus dem 18. Jahrhundert. Der Weg ist auf den ersten Kilometern asphaltiert und gut begehbar. Hinter einer der unzähligen Kurven vernehme ich Glockengeläut. Kurz darauf erkenne ich in dem dichten Nebel eine Herde Kühe. Sie laufen hier oben frei herum. Ich bleibe stehen, hole meine Kamera heraus und filme in Ruhe diese Attraktion. Inzwischen hat es aufgehört zu regnen, von den Feldern steigt Dampf auf.

Ich gehe Kilometer für Kilometer voran, erneut wechselt das Wetter und dicke Tropfen regnen auf uns herab. *Und ich hatte schon gedacht, ich müsste im warmen Sonnenschein laufen.* Meine Großmutter hat mir kurz vor meiner Abreise einen transparenten Regenponcho für einen Euro gekauft, für den Notfall. *Danke Oma!* Dieser Notfall ist schon heute eingetreten - auf der ersten langen Etappe meiner Reise.
Der Wind frischt auf und peitscht mir den Regenschutz in regelmäßigen Abständen ins Gesicht. Ich bin frustriert. Es ist, als wollte mich der Wind ärgern. Wider Willen muss ich lachen. Es ist eine eigenartige Situation.

Das gehört also auch alles dazu, mein Freund - der Wind, der Regen, gedrückte Stimmung. Wenn ich etwas nicht sofort ändern kann, das mich stört, sollte ich es mir für eine Weile zum Freund machen, denn auf diese Weise wird es erträglicher. Das mag zwar eigenartig klingen, funktioniert aber wunderbar!

Andrea ist noch bei mir. Wir laufen nebeneinander her und genießen nach zwei Tagen die ersten stillen Momente. Ihr Schnürsenkel hat sich geöffnet. Während sie sich den Schuh wieder zubindet, verweile ich kurz und warte auf sie.
„Go on, Toni!"
Ich sehe sie etwas verwirrt an. „It´s okay, I wait for you!" Andrea hebt den Kopf, denkt kurz nach und ant-

wortet lächelnd: „You´re not here to wait for somebody. You´re here for you. Go on, Toni."

In diesem Moment wird mir bewusst, wie oft ich Dinge nur aus Gewohnheit und aus falschem Anstand tue. Ich bin überrascht. *Ist es mit diesem Weg wirklich so, wie die Leute sagen? Fühle ich mich so schnell so befreit von Sorgen, dem Alltag und anderen Gepflogenheiten?* Ich winke Andrea zum Abschied kurz zu, bedanke mich bei ihr und gehe weiter.

„See you soon, Toni!", ruft sie mir hinterher.

Meine Gedanken kreisen, denn diese Situation macht mich überraschenderweise ein Stück glücklicher. Die Sonne bricht doch noch für einen Moment durch die tiefhängende Wolkendecke und verschwindet dann wieder für die nächsten Stunden. Der Weg hinauf zum Pass könnte der härteste Tag meiner Wanderung werden. Meine Füße schmerzen in den Schuhen, das Leder reibt mir über die Haut. Sofort denke ich: Was, wenn ich Blasen an den Füßen bekomme und nicht mehr weiterlaufen kann? Ich dränge den Gedanken zurück und wundere mich. Wie komme ich darauf, mich um Schmerzen zu sorgen, die ich vielleicht einmal haben werde? Diese Gedanken haben keinen Nutzen für mich, sie sind nicht dienlich. Ich merke, wie mich der unterschwellige Zweifel einengt. Das möchte ich aber nicht. Lieber ziehe ich meine Schuhe aus und schütte den Sand heraus, der sich darin gesammelt hat.

Die dicht bewachsenen Schluchten entlang des Weges lassen mich immer wieder für einen Augenblick innehalten, und ich genieße den Ausblick. Doch die Sicht wird zunehmend schlechter, bis ich kaum noch hundert Meter weit durch den Nebel sehen kann. Etwas weiter vor mir endet die asphaltierte Straße. Der Weg macht eine Biegung nach rechts und führt zwischen zwei Bergen hindurch. Irgendwo hier verläuft die Grenze zwischen Frankreich und Spanien, und hier muss auch der höchste Punkt sein, den man bei der Wanderung über die Pyrenäen erreicht. Gelbe Pfeile auf dem Weg zeigen mir, wo es lang geht. Gelbe Kreuze dagegen bedeuten, dass man diesen Pfad meiden sollte. Die Pilger, die mir entgegenkommen oder mich überholen sind freundlich. „Buen Camino", ruft man sich zu. Kurz hinter dem Pass stoße ich auf einen Stein mit der Inschrift *Saint-Jacques-de-Compostelle 765 km. Ist ja noch ein kleines Stück*, denke ich. Ich bitte zwei vorbeikommende Franzosen darum, ein Foto von mir neben dem Stein aufzunehmen. Genau in diesem Moment verabschiedet sich natürlich der Akku meiner Kamera. „Hoffentlich ist das Foto noch gespeichert", sage ich lachend zu ihnen. Ich bedanke mich und gehe weiter. Und siehe da, das Foto ist doch noch etwas geworden.

Der Boden ist teilweise steinig, zunehmend auch schlammig. An einigen schattigen Stellen liegt noch der Schnee der vergangenen Monate. In den wahrscheinlich schon Jahrzehnte alten Drahtzäunen am Wegesrand hängen Socken, Handschuhe und andere Kleidungsstücke. *Bestimmt Hinterlassenschaften von resignierten Pilgern*, denke ich.

Hinter der nächsten Kurve überrascht mich eine kräftige Windböe, sodass ich auf der matschigen Wiese hinfalle. Es fühlt sich an wie ein Schlag ins Gesicht. Ich sortiere mich kurz und klammere mich am hohen Gras fest, bis der Wind nachlässt. Ich merke mir: Laufe nie zu dicht an Abhängen, wenn es windig ist. Der nächste könnte tiefer sein!

Auf dem Weg nach Roncesvalles grüßt man mich mit „Buenos dias en el Camino", und ein älterer Herr aus Österreich klärt mich auf: „Auf dem Jakobsweg Duzt man sich! Wir sind hier alle eine Familie." Er lächelt, wünscht mir einen guten Weg und steigt den steinigen Pfad mit einem geschnitzten Stock in der linken Hand weiter hinauf. Der Wind treibt den Nebel von links nach rechts über die Hänge der immer schrofferen Berge. Ich muss aufpassen, denn die Steine auf dem Weg sind durch die Witterung, die sie über die Jahre abgeschliffen hat, extrem glatt, und ein Sturz ist nur wahrscheinlich.

Kurz darauf lese ich auf einem Wegweiser, dass es bis nach Roncesvalles noch etwas mehr als zwei Stunden sind. Der anstrengendste Abschnitt der Pyrenäen liegt bereits hinter mir. Wo es hoch geht, geht es auch irgendwann wieder runter, denke ich mir und folge einem steil abfallenden Pfad, der mich an dichten Hainbuchenwäldern vorbeiführt. Der Nebel zwischen den schwarz-weiß wirkenden Baumstämmen lässt die Umgebung mystisch wirken, als könnte jeden Moment eine kleine Fee erscheinen und mir meine drei sehnlichsten Wünsche erfüllen. Ich muss achtgeben, dass ich auf dem seifigen Untergrund nicht ausrutsche. Dabei herrscht Frühling, es ist fast schon Frühsommer. Die Gräser und Kronen der Bäume sehen selbst im Dunstschleier saftig grün aus.

Je länger meine Wanderung andauert, desto mehr spüre ich die zwölf Kilo Gepäck auf meinem Rücken. Mir fällt auf, dass ich keinerlei Vorbereitungen getroffen habe, um mich körperlich auf dieses Wagnis einzustimmen. Dennoch federe ich Schritt für Schritt die letzten zwei Stunden das gesamte Gewicht ab, und meine Füße tragen mich wohlbehalten zum Kloster. Roncesvalles ist der erste größere Ort auf dem *Camino Francés* – der Hauptroute des Jakobsweges.

Nachdem ich mich orientiert habe, gehe ich durch ein Tor zum Pilgerbüro und lasse meinen Pilgerausweis abstempeln. Die Unterkunft soll heute Nacht eine steinerne Halle sein, die Platz für über hundertzwanzig Pilger bietet. Im Untergeschoss befinden sich für die Verhältnisse sehr luxuriös ausgestattete Bäder. Nach einer langersehnten Dusche, und nachdem ich meinen durchweichten Pullover auf eine Wäscheleine gehangen habe, treffe ich vor dem Gebäude auf Andrea. Wir gehen später zusammen essen.

Jeder Pilger kann sich in den vielen Restaurants entlang des Wegs Menü-Karten kaufen. Man erhält sie gegen Vorlage des Pilgerausweises. Zeige ich die Karte vor, bekomme ich eine kleine Vorspeise, einen Hauptgang und oft eine Flasche Rotwein und Wasser dazu - das alles für einen angemessenen Preis. Was für ein Luxus!

Vor dem Abendessen sitze ich noch eine Weile auf einer Bank vor dem Klostergebäude, sehe meinem roten Pullover zu, wie er vor der Kulisse abziehender Regenwolken im Wind weht, denke nach. Die Abenddämmerung zieht herauf und taucht alles in einen blauen Ton. Der Regen hat nachgelassen, und die tiefhängenden, bedrohlich wirkenden Wolken ziehen eiligst über mich hinweg. Andrea und ich verabreden uns zu unserer ersten Pilgermesse um 18:00 Uhr. Sie findet auf Englisch statt, damit ein Großteil der Pilger der Andacht folgen kann. Es duftet nach Weihrauch, ein angenehmer Duft, der mich sogleich etwas benebelt und zufrieden stimmt.

Der Priester spricht über den Weg, seine Kraft und Symbolik. Am Ende segnet er die Wanderer. Er wünscht uns einen guten Weg, und ich bekomme Gänsehaut, denn wieder wird mir bewusst, was ich hier tue. Die Messe bestärkt mich in meinem Vorhaben. Mir kommen immer wieder aus dem Nichts Gedanken, die mit dem Gegenwärtigen selten etwas zu tun haben. Sie handeln vom Sinn des Seins, davon, was ich mit meinem Leben anstellen möchte, von Wünschen und Träumen.

Im Restaurant versammeln wir uns nach der Messe in einer größeren Runde. Für uns alle ist es das erste Pilgermenü. Ich kann aus zwei verschiedenen Gerichten wählen. Es gibt reichlich Essen und noch mehr Wein. Am Tisch sitzen ein Paar aus Chicago, zwei Männer aus Deutschland und ein Mann aus Portugal. Letzterer ist neunundsechzig Jahre alt und solo auf Wanderschaft. Später erfahre ich, dass er mit einem Einrad-Handwagen unterwegs ist, den er hinter sich herzieht, um seinen Rücken zu schonen. Er hat bereits siebenhundert Kilometer zurückgelegt. Wir sind sprachlos und applaudieren ihm.

Ich finde es wunderbar, was er erzählt, und wir hören ihm aufmerksam zu.

Zurück in der Herberge setze ich mich auf mein Bett, schlage die Beine übereinander und lehne mich an die kühle Mauer am Kopfende, genieße die Stimmung im Saal und schreibe ein paar Zeilen über den heutigen Tag. Entspannt beobachte ich, wie die Menschen um mich herum ihr Nachtlager vorbereiten, in ihr Tagebuch schreiben oder frisch geduscht aus dem Bad kommen. Ich sehe viele zufriedene Gesichter. Für die meisten hier wird es wie für mich das erste Mal sein, dass sie den Weg gehen. Die ersten Eindrücke werden aufgezeichnet oder miteinander geteilt. Der Raum wirkt durch die knapp sechzig Doppelstockbetten darin sehr groß. Entlang der Wand am Eingang befinden sich rechter Hand Betten für Frauen, gegenüber jene für Männer. In der Mitte stehen Doppelbetten für Paare bereit. Es soll niemand gegen seinen Willen getrennt werden. Für eine Weile wird das Licht gedimmt, bevor es einige Minuten später abgeschaltet wird. Ruhe kehrt ein, bis die ersten Schnarcher ihr Konzert anstimmen.

Dritte Etappe: Von Roncesvalles nach Larrasoaña
Erste Bekanntschaften

Es ist sieben Uhr. Andrea und ich sind seit einer Viertelstunde auf den Beinen und suchen nach einem Bäcker, denn Frühstück gab es in der Unterkunft nicht. In dem kleinen Dorf, das an das Kloster angrenzt, werden wir schließlich fündig. Offenbar sind wir nicht die einzigen

Frühaufsteher, die sich belegte Brötchen und einen Pott frisch aufgebrühten Kaffee holen. Wie gut das tut! Am Nachbartisch sitzt ein Pärchen und winkt uns zu sich, da sie noch zwei Plätze frei haben. Andrea und ich balancieren unser Frühstück zu ihnen und grüßen sie auf Englisch. Erst nach geraumer Zeit stellen wir fest, dass die beiden aus Deutschland stammen, sie heißen Sandra und Clemens. Meine Freude ist groß! Ich finde beide sofort sympathisch. Zwischen Deutsch und Englisch switchen wir hin und her, damit Andrea uns folgen kann. Das Pärchen ist schon im vergangenen Jahr den Jakobsweg gelaufen und hat sich auf der Strecke von Burgos nach Santiago de Compostela kennengelernt.

Mein Gesprächsbedarf ist groß, und ich unterhalte mich eine ganze Zeit lang mit Sandra. Sie ist unglaublich nett und wirkt sehr ehrgeizig. Ich wünsche mir, dass wir den Weg ein Stück gemeinsam laufen können.

Wir bringen das Geschirr zurück, bedanken uns und brechen wieder auf. Die Straßen und Wege sind gesäumt von Buchsbäumen und tausenden von gelben, zierlichen Sträuchern, die auf dem steinigen Boden wachsen. Meine Kenntnisse zur Fauna und Flora sind noch bescheiden, obwohl ich früher oft mit meinem Bruder und meinem Vater Zeit in der Natur verbracht habe. Meine Ausbildung zum Landschaftsgärtner wird erst in vier Monaten beginnen.

Irgendwann verliere ich das Pärchen aus den Augen und gehe mit Andrea weiter, bis ich mich mit schnellerem Schritt von ihr entferne. Ich wandere durch einen Wald, der aussieht wie die Kulisse für einen alten Märchenfilm, dann geht es hinauf auf 904 Höhenmeter über Null – es ist der erste Pass auf dieser Etappe. Nach ein paar Stunden lege ich gemeinsam mit einigen anderen Pilgern eine Pause ein, um etwas zu essen und zu trinken. Mir geht es gut, trotz der kleinen Blasen an den Füßen. Sorgfältig klebe ich sie mit Pflastern ab. Bis zum nächsten Ort namens Zubiri sind es noch sieben Kilometer. Akribisch studiere ich meinen handlichen Reiseführer, suche darin nach Herbergen und lese Wegbeschreibungen.

Der Weg nach Zubiri gestaltet sich etwas schwierig. Vor mir rutscht ein Mann auf den glatten Steinen aus und stürzt. Ich eile zu ihm, wir unterhalten uns in gebrochenem Englisch. Zum Glück ist alles gut gegangen, er ist nicht verletzt. Wir gehen die Wegstrecke bis nach Zubiri gemeinsam, legen aber vorher noch eine kurze Rast ein: In dem einzigen Laden an der kleinen Straße decke ich mich mit Baguette, Eistee, Keksen und Bananen ein. Dort treffen wir auch auf Andrea. Sie hat Turrón gekauft, eine spanische Süßigkeit, die aus weichem Nougat mit Mandeln besteht. Sie hatte sich darunter aber etwas anderes vorgestellt, mehr eine Schokocreme, und schenkt es mir.

Ab hier gehe ich das letzte Stück des Wegs nach Larrasoaña alleine, wo für heute Nacht mein Schlafplatz sein soll. Die letzten Kilometer ziehen sich sehr. Lange befürchte ich, dass ich am Ort vorbeigelaufen bin. Ich frage einen Pilger, den die gleiche Sorge plagt, der mich aber trotzdem mit den Worten beruhigt, wir würden bald da sein: „Das ist der richtige Weg." Und er behält recht.

In Larrasoaña angekommen, sehe ich knapp dreißig Pilger vor der Herberge stehen, in die auch ich einkehren will. Das Gebäude sieht aus wie eine umgebaute Garage. Im unteren Stockwerk befinden sich WC und Duschen, eine Etage höher etwa fünfzehn Doppelstockbetten. Ich atme tief durch und hoffe, dass ich auch noch einen Platz bekomme, ansonsten werde ich weiterlaufen müssen bis zur nächsten Herberge. Aber ich habe Glück, und der Platz reicht für alle Pilger aus.

In der Herberge gibt es zwei Duschen und einen kleinen Warteraum davor. Sobald ich mich erfrischt habe, klettere ich auf mein Bett und hole mein Tagebuch heraus, um vor dem Abendessen aufzuschreiben, was ich erlebt habe.

Später auf der wenig befahrenen Straße vor der Herberge lerne ich Stefan und Bettina aus Süddeutschland kennen. Wir vertreiben uns bei einer Tasse Kaffee noch eine ganze Weile die Zeit und schwatzen über Beziehungen, genießen die Sonne.

Auf Wanderschaft findet nach einigen Tagen eine Kontinuität, ja fast gebetsartige Wiederholung der Ereignisse statt. Die Tage laufen strukturierter ab und beinhalten zunehmend nur noch die wichtigsten Dinge: Schlafen, Essen, Laufen, Sein. Es ist unglaublich, wie wenig ich zum Leben benötige und dabei doch glücklich bin. Auf Wanderschaft zeigt sich, dass Glück nicht viel mit Besitz zu tun hat. Diese Einfachheit ist so einflussreich, dass sie sich auch auf das Denken auswirkt. Es öffnet sich ein Raum für Erinnerungen und auch für Erkenntnisse.

An diesem Abend gibt es wieder ein Pilgermenü in sehr angenehmer Gesellschaft. Ich spüre eine Zwanglosigkeit, wie ich sie im Alltag oft vermisse. Ich muss nichts. Ich kann so sein und handeln, wie ich es möchte - ohne Erklärungen, ohne Rechtfertigungen, ohne zu müssen.
Ich sitze eine Weile still am Tisch, denke darüber nach, und niemand fordert mich auf, etwas zu sagen.

Oft glaube ich, es würde von mir erwartet, mitzureden und mich einzugliedern – konform zu sein.
Ob ich Ahnung habe oder nicht, tritt dabei manchmal völlig in den Hintergrund. Hauptsache es wird geredet. Und dabei möchte ich doch echte Verbindungen eingehen und Gespräche führen, die mir und mein Gegenüber erfüllen. Auch dies ist eine Suche. Es gilt, mich auf den Weg zu machen und im Kontakt ehrlich mit mir selbst und anderen zu sein.

Während wir uns über Gott und die Welt unterhalten, kommen wir auch auf das Thema Sex zu sprechen. Eine Pilgerin schneidet das Thema an. Sie hat den Kopf auf dem Handballen abgestützt, blickt etwas schläfrig und verträumt in die Runde: „In Spain people talk about sex. In Germany they talk about politics." Ein verschmitztes Lächeln umspielt ihre Lippen. Ich lache auf und vergegenwärtige mir im selben Moment meine Herkunft. Ich frage mich: Stimmt das? Spreche ich wirklich lieber über Politik als über Sex?
Zurück in der Herberge lege ich mich hin, schließe die

Augen und genieße die Stimmung im Raum. Es ist still, manche schreiben, andere denken nach oder schlafen schon, obwohl es erst acht Uhr am Abend ist.

Vierte Etappe: Von Larrasoaña nach Cizur Menor
An erster Stelle sollte ich mir selbst vertrauen

Der heutige Morgen gestaltet sich etwas zäh. Ich fühle mich, als müsste ich mich aus einer Masse aus Zuckersirup befreien, die mir Arme und Beine dicht an den Körper klebt. Ich liege da wie eine in Leinentücher eingewickelte Mumie und versuche, jedes Körperteil einzeln anzusteuern. Es ist der vierte Tag auf dem Jakobsweg, und er macht sich deutlich bemerkbar. Meine Waden, Füße und Schultern fühlen sich an, als hätte ich zu lange auf einem Holzbrett geschlafen. Die eine Körperhälfte ist taub, die andere angespannt.
Nach einigen Minuten quälender Tortur, meinen Körper zum Aufstehen zu bringen, ziehe ich mich an und gehe mit den anderen frühstücken.
Heute ist der erste Tag, an dem ich alleine weiter wandern werde. Er ist irgendwie anders als sonst. Ich kenne dieses Gefühl bereits aus Situationen, in denen ich niemanden um mich habe, den ich kenne. Ich spüre, dass mir diese Sicherheit und der Halt fehlen. Hier auf dem Jakobsweg, gibt es kein Internet, kein YouTube oder andere Dinge, mit denen ich mich von diesem Gefühl ablenken könnte. Aber ist es nicht genau das, was ich wollte, bevor ich losgelaufen bin? Zeit für mich? Ich versinke in Gedanken. Es ist nur eine Ahnung, die ich

mir als Antwort geben kann. Ein Gedanke folgt auf den nächsten und so weiter. Manchmal kann ich den Ursprung des Gefühls ergründen, einen Schritt zurücktreten, manchmal verrenne ich mich aber auch in meinen Gedanken und weiß am Ende nicht, was das Karussell in Gang gesetzt hat.

Im Laufe meines Lebens sehe ich mich mit Situationen konfrontiert, die mich noch lange belasten, meist, weil ich davor zurückschrecke, mich mit diesen Erfahrungen auseinanderzusetzen und nachzuspüren. Doch nur wenn ich diese Erlebnisse verarbeite, kann ich wieder frei werden. Viele Probleme und belastende Gedanken heilt die Zeit, wenn ich ihnen Raum gebe und aktiv in mich hineinhorche. „Jeder ist seines eigenen Glückes Schmied", so heißt es. Frei zu sein, heißt für mich, aktiv in mich hineinzuhorchen und mich leiten zu lassen von meinen Sehnsüchten und Träumen.

Die heutige Etappe beginnt auf einigen Stufen aus massivem, durch die Witterung fast schwarz verfärbtem Holz, die ins Tal Richtung Pamplona führen. Der Río Arga fließt gemächlich entlang des Weges und zieht meine Aufmerksamkeit auf sich. Die Monotonie des Plätscherns ist wunderbar beruhigend. Während ich im Gehen das Wasser beobachte, wie es um die Steine fließt, überhole ich einen Österreicher. Wir wechseln ein paar freundliche Worte und verabschieden uns bald wieder. Begegnungen dieser Art genieße ich sehr. Hier auf dem Weg sind sie ganz unbefangen. Alles kann, nichts muss. Man führt ein zwangloses Gespräch, hört einfach nur zu oder schüttet dem anderen Pilger das Herz aus. Danach verabschiedet man sich voneinander und fühlt sich, jeder auf seine Weise, ein bisschen besser.

Ich wandere einen Hang entlang, der mit verdorrten Sträuchern bewachsen ist, und der Weg biegt in ein kleines Dorf ab. Da merke ich, wie sich ein Muskel unterhalb des rechten Schulterblattes von einer Sekunde zur anderen verkrampft. Ich taste mit den Fingern danach und spüre eine deutliche Verhärtung.

Stefan ist heute Morgen kurz nach mir gestartet und sieht schon von weitem, dass ich Hilfe gebrauchen könnte. Er hat zum Glück alles Nötige dabei, was mir Linderung verschaffen könnte. Er gibt mir Kalzium- und Magnesiumtabletten in Wasser aufgelöst und reibt mir die betroffene Stelle mit Mobilat ein. Tut das gut!

„Jetzd kannschd in Ruhe weider gehe. Wennd wasch brauschd sagschd bscheid, gell?", teilt er mir in besänftigendem badischem Dialekt mit. Diese Mundart ist sehr witzig, ich könnte Stefan stundenlang zuhören und warte regelrecht darauf, dass er noch irgendetwas sagt. Wir laufen noch ein Stück gemeinsam weiter und gelangen an eine Wegkreuzung. Nach kurzer Überlegung entscheiden wir uns für den steil ansteigenden Weg, der geradeaus weiterführt.

Ich bemerke, dass ich es liebe, Landschaften zu erforschen, die ich nicht kenne, Dinge zu tun, die mich herausfordern, meinen Rucksack aufzusetzen, die Wanderschuhe anzuziehen und hinaus in die Welt zu gehen. Das

Verlangen danach wird mit jedem Tag meiner Wanderung größer.

Als Belohnung für die Mühe besuchen Stefan und ich die schlichte, aber dennoch sehr schöne Kirche des heiligen Stefan in Zabaldica aus dem 18. Jahrhundert. Der Ort zählt neunundzwanzig Einwohner, die acht Höfe bewohnen.
Uns eilt sogleich eine Frau entgegen, die offenbar mehrerer Sprachen mächtig ist, und lädt uns sehr herzlich in das alte, kühle Gemäuer ein. Wir bekommen einen Infotext zur Hand und nehmen vor dem Altar auf den alten Bänken Platz. Es riecht nach trockenem, antikem Holz. Der typische Duft einer Kirche. Er erinnert mich an das Odeur antiquarischer Bücher in einer Bibliothek, wenn ich sie aufschlage und die Nase zwischen die Seiten halte. Der Duft löst in mir eine besondere Stimmung aus, als befände ich mich für einen kurzen Moment auf einer Reise in die Vergangenheit.
Mit uns sitzen noch eine Pilgerin stillschweigend auf einer anderen Bank in der Kirche und lesen den Text. Die Frau reicht uns ein weiteres Papier, auf dem geschrieben steht, was der Jakobsweg bedeutet.

Er handelt davon, dass der Weg nach Santiago nicht nur ein Weg ist, auf dem man geht, um irgendwo anzukommen. Vielmehr testet er uns, und wir erhalten dafür eine Belohnung. Er beschäftigt uns im Inneren und im Äußeren. Wenn wir es zulassen, durchdringt er uns, verändert uns und macht uns zu Pilgern. Wenn unser Gepäck we-

niger wird, werden wir leichter. Es ist alles Gewicht, was wir auf unseren Schultern tragen, und wir werden erkennen, wie wenig wir zum Leben brauchen. Der Weg erleichtert uns in vielerlei Hinsicht, und er bereichert uns. Wenn wir den Weg alleine beginnen, werden wir auf ihm am Schluss in Gemeinschaft gehen. Wir stehen vor Sonnenaufgang auf, müssen Schmerzen ertragen, der Witterung trotzen, in uns kehren und alles um uns herum bewundern.

Ich lese den Text und mir kommen die Tränen, ohne eigentlich zu wissen, weshalb ich weine. Ich halte inne und denke an nichts. Lasse den Augenblick auf mich wirken.

Solche Momente der Stille können sehr friedlich sein. Für einen Augenblick ist da kein Streit, sind da keine Sorgen, keine Gedanken an Konflikte, sondern da ist einfach nur das Leben, das ich lebe. Ich genieße.
Es gibt Tage, an denen einfach alles glatt läuft. Alles geht Hand in Hand, und ich habe das Gefühl, nichts dafür tun zu müssen. Aber sind diese Tage nicht doch das Ergebnis vorangegangener Arbeit? Ernte ich vielleicht die Frucht, deren Saat ich ausgesät habe? Ich kann vieles steuern und beeinflussen.
Wenn ich den Samen einer Sonnenblume säe, entsteht daraus sehr wahrscheinlich eine Sonnenblume. Ich kann nicht erwarten, daraus entstünde ein Baum.
Möchte ich eine größere Pflanze, muss ich einen anderen Samen wählen, von dem ich weiß, dass daraus eben-

jene große Pflanze entstehen kann. Selbst der Same eines Mammutbaumes ist kaum größer als ein Stecknadelkopf und birgt das unglaubliche Potenzial, eine dutzende Zentner schwere Pflanze auszubilden, die mehrere hundert Jahre überdauert.
Der Same bedarf achtsamer Pflege, vergleichbar mit jener, die ich mir selbst entgegenbringen sollte. Ohne Wasser, Wärme und aufmerksame Pflege wird er weniger gut gedeihen. Sprich, ohne zu wissen, was ich erreichen will, werde ich nicht den richtigen Samen und die angemessene Pflege wählen können. Wenn ich genau hinsehe und daraufhin ganz bewusst störende Lebensumstände verändere, dann kann mein Leben aufblühen und reiche Früchte tragen. Übrigens können Pflanzen auch in einem Umfeld gedeihen, das untypisch für sie ist. An einem Ort mit genügend Sonne und Nährstoffen hätten sie es allerdings leichter.

Auf dem Turm der Kirche haben wir die Ehre, eine sehr alte Glocke läuten zu dürfen. Die Frau, die uns in die Kirche eingeladen hat, ist sehr stolz, dass sie uns das alte Bauwerk näherbringen konnte.
Wir brechen wieder auf und wandern auf einem schmalen Pfad Richtung Westen. Einige Minuten vor der Gemeinde Burlada, einem Vorort von Pamplona, treffe ich Stefan und Bettina wieder. Auf einer Brücke nehmen wir noch ein Foto von uns auf, mit der wunderschönen Vorstadt im Hintergrund. Ich laufe bis Pamplona, wo ich auf Konstanze stoße.

In einer modernen Herberge, die vom Freundeskreis der Jakobspilger Paderborn unterhalten wird, machen wir kurz Halt, um unseren Ausweis mit einem weiteren Stempel zu bereichern. Wenn das so weiter geht, werde ich mir aus Platzmangel noch einen weiteren Pilgerpass holen müssen.
Es ist erst früh am Nachmittag, die Sonne steht hoch, und die Straßen flimmern noch von der Mittagshitze.
In der nächsten Herberge, der *Albergue de Peregrinos - Orden de Malta España,* treffe ich auf viele bekannte Gesichter. Ich muss lächeln, denn es ist schön, sie alle wiederzusehen. Auch dieser Abend wird mit einem guten Essen begangen. Die meisten Restaurants haben noch geschlossen, deshalb entscheiden wir uns, in einem kleinen Laden einzukaufen und ein Abendessen zuzubereiten. Stefan kocht für uns zwölf, anschließend essen wir gemeinsam an einem großen Tisch und trinken selbstverständlich auch ein paar Gläschen Wein. Die Gespräche beginnen, und ich genieße die Stimmung. Es ist, als hörte ich plötzlich eine leise Musik, die in meinem Kopf spielt.
Mein Blick weitet sich, und ich fühle mich wohl.

Harmonische Augenblicke wie diese sind kostbar. Sie sind selten, und sie ziehen so schnell vorbei. Sie brauchen Zeit, um sich zu entfalten. Wenn ich im Inneren für Harmonie sorge, kann diese Harmonie auch im Außen entstehen, und ich bin im Einklang mit dem Hier und Jetzt. Um diesen harmonischen Zustand zu erreichen, bedarf es bewusster und aktiver Selbstfürsorge und

Selbstliebe. Wenn es mir gelingt, mich selbst zu akzeptieren, wird es mir leichter fallen, mit der Umwelt zu harmonieren. Dabei bedeutet es nicht, zu allem Ja und Amen zu sagen, sondern mit mir selbst im Reinen zu sein und ganz im Augenblick aufzugehen. Aus diesen Momenten kann ich Kraft schöpfen, wenn ich wieder mit mir hadere.
Perfektion ist nur eine Seite der Medaille. Sie ist nicht die Lösung der Probleme, sie nimmt ihnen nur für kurze Zeit die Last, sodass ich über Krisen und schwere Zeiten besser hinwegkomme.
Ich nehme an, dass das Leben in einer Kurve verläuft, die stetig nach oben und nach unten ausschlägt, dann ist der perfekte Moment die Amplitude nach oben, bevor sie wieder abfällt auf ein normales Level und schließlich zu einer weniger ermunternden Zeit führt. Wenn die Kurve nach unten ausschlägt, ist das lange nicht der Tiefpunkt des Lebens. Meistens ist es nur eine Zeit der Veränderung, des Kraftsammelns. Diese Momente können helfen, wieder einen neuen Fokus auf die Dinge zu setzen, die ich erreichen will.
Draußen auf der Bank vor der Herberge sitzen Konstanze, Stefan und ich. Wir unterhalten uns über unsere Berufe, warum wir den Weg laufen.

Was sind meine Wünsche, Sehnsüchte und Ziele? Werden mich die Erlebnisse auf dem Weg verändern und sich auf meinen Alltag auswirken? Werden sie überhaupt eine Wirkung entfalten? Irgendeinen Sinn muss es haben, dass ich hier bin – Fragen, die sich mir auf dem

Jakobsweg stellen. Wer aufbricht, tut den ersten Schritt auf einer langen Reise. Der Weg kann der Anfang für eine Wanderschaft zu mir selbst sein.
Ich wusste nicht so recht, welche Antwort ich mir damals darauf geben sollte, aber heute, viele Jahre später, kann ich sagen: Der Weg hat mein Leben geprägt, und zwar nachhaltig. Ich bin derjenige, der meine Fragen beantwortet. Der Weg ist zu meiner Unterstützung geworden, er war mein Anfang.

Ich bin wie immer schüchtern und traue mich vorerst nicht, Konstanze anzusprechen. Stattdessen setze ich mich zu Bettina. Wir amüsieren uns bei einem Gespräch über Gott und die Welt, sprechen über ihren Weg und meinen. Bis Montag ist sie noch auf dem Jakobsweg unterwegs und wird dann zurück nach Deutschland fliegen müssen. Sie ist ein beeindruckend offener Mensch.
Die vielen Eindrücke und Ereignisse, die mir jeden Tag begegnen, bedürfen allnächtlicher Ruhe. Danke dafür, denke ich, kurz bevor ich einschlafe. Gute Nacht.

Fünfte Etappe: Von Cizur Menor nach Puente la Reina
Slow-Food-Delikatessen

Je länger ich den Weg gehe, desto freier wird der Geist. Jeder Tag folgt dem gleichen Rhythmus und doch wartet er mit immer neuen Eindrücken auf.
Blinzelnd öffne ich die Augen. Draußen ist es noch dunkel, aber das grellweiße Licht einer Straßenlaterne, das durch das kleine Fenster in den Raum fällt, blendet mich. Die letzten Stunden der Nacht waren nicht besonders erholsam, da eine Frau im Bett nebenan schnarchte wie ein Bär. Einmal aufgewacht, kann ich nicht mehr einschlafen. Schließlich schlage ich die Bettdecke zurück und koche mir mit Stefan, dem ich in der Küche begegne, einen Kaffee. Wir unterhalten uns zwanglos und muntern einander auf. Es ist, als würde jeder nur so vor sich hin brabbeln, ohne wirklich auf den vorangegangenen Satz einzugehen. Ich sage etwas, Stefan hört unbeeindruckt zu. Draußen ist es frisch.
An diesem Morgen verlasse ich als einer der letzten die Herberge. Auf der Brücke nehmen wir noch mit einer klassischen Filmkamera ein Foto von uns auf. Wir, das sind Stefan, Konstanze, Dominic aus der Schweiz und ich. Der Weg führt vorbei an bestellten Feldern. Schon früh am Morgen sind alle auf den Beinen, um die Weinreben zu pflegen und vorzubereiten. Die Erde leuchtet rostrot unter den frischen, grünen Blättern der Reben, der Nebel lichtet sich mit der aufsteigenden Sonne und verschwindet spurlos im blauen Himmel. Was für ein wunderbares, sattes Farbenspiel!

Ich genieße dieses Schauspiel, das durch die orange getönten Wolken noch eindrucksvoller wirkt, und laufe den Berg hinauf. In der Ferne sehe ich Konstanze, die Norwegerin aus der letzten Herberge. Ich schließe mit zügigen Schritten zu ihr auf und frage sie, ob es okay ist, wenn wir ein Stück zusammen gehen. „Yeah, sure!", antwortet sie lächelnd. Wir kommen schnell ins Gespräch, als ob wir einander schon viele Jahre kennen würden. Wir reden über ihre Arbeit als Tai-Chi-Lehrerin, Energien und Poltergeister, ob wir vielleicht schon einmal gelebt haben, den *Camino*, ihr Leben, Beziehungen und darüber, dass die Liebe zwei Menschen zusammenführt, wenn der richtige Moment gekommen ist.

Die Zeit vergeht wie im Fluge, und ehe wir uns versehen, stehen wir auch schon auf der Bergspitze des Alto del Perdón, auf dem *Berg der Läuterung*, 750 Meter über Normalnull. Vor uns ragt ein Denkmal aus Cortenstahl auf, das Pilger auf dem Weg ihrer Wallfahrt darstellt.

Die Aussicht von diesem erhabenen Standort ist einzigartig, man kann weit über die Region Navarra blicken, ein ehemaliges Königreich und bekanntes Weinanbaugebiet mit Pamplona als Hauptstadt. Hinter mir liegen die nebelverhangenen Pyrenäen, vor mir erstreckt sich ein karges Gelände. Die Schmerzen und Verspannungen in den Schultern lösen sich mehr und mehr. In einem Café treffen Konstanze und ich nach über zwei Stunden auf Stefan und viele andere bekannte Gesichter. Im Pilgerführer ist eine Kirche aufgeführt, die man unbedingt besucht haben muss. Eine gute Idee, diesen Umweg zu

gehen, und so starten Stefan, Konstanze und ich gemeinsam dorthin.
Santa María de Eunate ist eine romanische Kirche aus dem zwölften Jahrhundert und befindet sich auf einem Abzweig unweit des Jakobsweges. Die Wanderung dorthin verläuft ebenerdig und hat einen beruhigenden Einfluss auf Augen und Füße.
Angekommen, ziehen wir auf Anraten des Reiseführers die Wanderschuhe aus, schließen die Augen und umkreisen die Kirche drei Mal rückwärtsgehend. Es ist eigenartig, aber irgendetwas geschieht mit mir, so sinnfrei sich die Aktion im ersten Moment auch anfühlt. Das Gehen beruhigt mich auf eine besondere Art und Weise.
In der Kirche halten wir anschließend eine Weile inne.
Ich stelle mir die Frage, ob es auf dem Jakobsweg eine schlechte Manier ist, wenn man sich hier näherkommt, oder ob es einfach normal ist. Ich kann es selbst nicht sagen, könnte mir aber vorstellen, dass viele auf diesem Weg einen Partner finden, wenn es sich denn ergibt.
Stefan und ich gehen den nächsten Abschnitt zusammen, vorbei an freilaufenden Schafen. Ein älterer Mann hütet sie. Oder behüten sie ihn? Mit Stock und Umhang sitzt er auf der Wiese und beobachtet seine Herde. Was geht wohl in diesem Menschen vor, überlege ich. Über was denkt er nach, während er stundenlang, Tag für Tag an einem Ort sitzt, so ganz allein, nur in Gesellschaft der Tiere? Ich frage mich, ob er glücklich ist mit dem, was er tut.
Bestimmt hat er genug Zeit, seinen Gedanken nachzuhängen.

Wieder wandern meine Gedanken zu Konstanze. Sie ist mir sehr sympathisch. Ich liebe es, wenn Menschen in mein Leben treten und es bereichern.

Die intensiven Beziehungen, die ich auf dem Jakobsweg von Zeit zu Zeit eingehe, regen dazu an, Beziehungen zu überdenken, die ich in der Heimat pflege. Mit einigem Abstand bewerte ich sie vielleicht neu. Vielleicht entschließe ich mich, eine zu beenden, weil ich erkenne, dass sie mir nicht guttut, vielleicht entschließe ich mich, an einer bestehenden Beziehung zu arbeiten und sie zu vertiefen.

Gegen 15:00 Uhr erreichen wir Puente la Reina, buchen unsere Zimmer und kaufen in einem winzigen Geschäft – mit acht Personen ist es schon völlig überfüllt - für das Abendessen ein. Heute kocht Dominic uns eines seiner liebsten Gerichte aus der Schweizer Heimat. Es gibt in Öl gebratene Kartoffelscheiben, dazu Salat, Fisch, gebratene Wurst, Spiegelei und genügend Wein.
Ich schäle Kartoffeln an einem massiven, klar lackierten Holztisch, schneide Tomaten in Scheiben. Aus der Küche steigt uns der Duft nach erhitztem Olivenöl und darin angebratenen Zwiebeln in die Nase. Von der Eingangstür her zieht warmer Abendwind in den Raum und vermengt sich mit dem Geruch unserer zubereiteten Slow–Food–Delikatessen.
Das Essen schmeckt hervorragend! Bald sitzen so viele Menschen am Tisch, dass das Essen knapp wird. Aber

alle sind glücklich und zufrieden, schließlich haben wir ja noch Kekse in sämtlichen Variationen.

Ich nehme mein Glas Wein und setze mich vor das Refugium auf eine Bank. Währenddessen zieht ein Gewitter auf, es hat tiefhängende Wolken im Schlepptau. Aus dem Haus schallt Gelächter und ein Mix aus Englisch und Spanisch. Ich versuche, meine Stimmung hinzunehmen und den Augenblick dieses Abends dennoch zu genießen.

Sechste Etappe: Von Puente la Reina nach Estella
Ich höre auf meinen Körper

Ich wache auf und spüre meine Beine. Na, Gott sei Dank, mag man sich denken, aber sie fühlen sich an wie Blei. Es gibt einen heißen Kaffee in der Herberge, bevor ich aufbreche. In einer Bäckerei nahe der Brücke Puente Románico, einer alten romanischen Brücke aus der Zeit des Mittelalters, die über den Fluss Arga führt, kaufe ich ein frisches Baguette und Orangensaft, gehe vorbei an Spargelfeldern und entlang eines Weges, der mit wunderschönen, atemberaubenden Aussichten auf die Berge aufwartet. In den letzten Tagen habe ich meine Füße etwas vernachlässigt, und das macht sich jetzt bemerkbar. Mir drückt der Schuh, und der Fußballen droht zu verkrampfen. Ich erklimme einen steilen Weg, er ist mit rotem, zähem Schlamm bedeckt, und meine Schuhe werden mit jedem Schritt schwerer. Alle paar Meter löst sich eine dicke Schicht von der Sohle, fällt ab, und ich bin wieder ein Stück kleiner. Mir wird klar, dass ich die tägliche Aufwärmphase unterschätzt habe.

Ich sollte auf dem Camino viel an meinem Willen arbeiten und den Mut nicht verlieren, wenn Schmerzen oder kleine Leiden den Körper heimsuchen. Es ist gut, ihnen nachzuspüren, vielleicht haben sie mir etwas Wichtiges zu sagen.

Ich gehe etwas langsamer, merke, dass eine gleichmäßige Geschwindigkeit wichtig ist. Ich laufe über weite Felder. Am Horizont ragen Steilwände auf, die mich an die Asterix-und-Obelix-Filme erinnern. Rechts neben mir fließt ein Bächlein. Auf den Pflanzen darin sitzen Frösche im Sonnenlicht und genießen die Wärme. Meine Füße schmerzen unaufhörlich. Ich spüre nach und stelle fest, dass die Achillessehne gereizt ist, wohl vom stetigen Bergauf. Im nächsten Ort treffe ich auf viele bekannte Gesichter aus der letzten Herberge. Ich setze mich, hole den Pilgerpass und dann Traumeel-Salbe heraus, um meine Füße damit einzureiben.
Alleine gehe ich weiter und werde bald von Carolin eingeholt. Sie läuft nur noch zwei Tage, bevor es zurück in die Heimat geht. Die Gespräche mit ihr sind immer erholsam und witzig. Doch plötzlich überfallen mich Krämpfe, und ich verfalle in Schnappatmung. Damit trennen sich unsere Wege auch schon wieder. Ich beeile mich, um so schnell wie möglich eine Toilette zu finden. Zum Glück scheint die Sonne, der warme Wind weht, wodurch die Roggenfelder aussehen, als wären sie Mee-

reswellen. Dieses Schauspiel lenkt mich eine ganze Weile ab, bis ich ein paar hundert Meter vor mir die Herberge ausmache. Ich buche ein Zimmer, werfe den Rucksack vor mein Bett und verschwinde im Badezimmer. Danach ist alles wieder gut! Entgegen meiner eigenen Einschätzung meint Stefan, dass ich heute einen ziemlich fitten Eindruck mache. Mag sein. Aber jetzt bin ich definitiv noch entspannter!

Siebte Etappe: Von Estella nach Torres del Río
Brot, Avocado und Schokolade

Ich wache mit leichtem Kopfweh auf und weiß sofort, woher sie kommen. San Miguel ist ein sehr, sehr süffiges spanisches Bier. Ich trinke selten Bier und habe gestern Abend mit einer kleinen Dose angestoßen. Nach dem Frühstück und den Dehnübungen geht es wieder auf den Camino. Kaffee und etwas Essbares sind die besten Wundermittel gegen den morgendlichen Kater. Das hoffe ich zumindest. Obwohl mich frisch gepresster Orangensaft inzwischen besser aus dem Schlaf holt als Koffein. Im Pilgerführer ist von einem Weinbrunnen die Rede. Ein Weinbrunnen? Das will ich mir genauer ansehen - und natürlich auch probieren!
Und tatsächlich, nach einigen Kilometern Marsch finde ich ihn und bin sprachlos. Mitten in einem kleinen Dorf steht ein Haus, in dessen Fassade zwei Zapfhähne eingelassen sind. Wein und Wasser. Jeder darf sich bedienen. Kameras zeichnen alles auf. Ich fülle mir etwas Wein in meine Flasche und stoße mit Stefan an, der kurz

nach mir auftaucht. Jetzt weiß ich, warum er umsonst ist. Der Geschmack ist gewöhnungsbedürftig und das Anbringen einer Überwachungskamera wäre definitiv nicht nötig gewesen. Eine nette Geste und Attraktion ist der Brunnen aber allemal.

Ich laufe weiter. Die Landschaft ist leicht hügelig, ein konstantes Auf und Ab. Der Ausblick auf die Berge ist einfach umwerfend!

Riesige Steilwände leuchten kalkweiß in der Sonne, und die Felder, die kaum hörbar im Wind rauschen wie silberne Wellen, lassen mein Herz höherschlagen. Unterwegs treffe ich auf Konstanze, und wir gehen zusammen weiter, vorbei an Los Arcos nach Torres del Río. Wir unterhalten uns über Essen, Europa, ob wir wirklich frei sind oder uns nur frei fühlen.

Leben

Ich liebe dieses Leben,
ich habe nur dieses eine.
Alles, was mich umgibt,
ist schön.
Sei es der Regen
im unpassendsten Moment,
die Hitze,
wenn ich kein Wasser habe,
die Zeit,
wenn ich denke,
es bliebe mir keine mehr.
Aber jede Sekunde
meines Lebens verrinnt,

ob ich nun will oder nicht.
Deshalb ...
genieße ich diesen Kuss,
auch wenn es der tausendste ist,
die Frau, auch wenn es die vierte ist,
und die Liebe, wenn es die erste ist.
Alles hat seinen Platz im Leben
und geschieht nicht ohne Grund.
Ich liebe dieses Leben.

15.05.2009

Am Wegesrand pausieren wir, und zu uns gesellt sich Andrea. Es gibt Brot, Avocado und Schokolade: Brot zur Sättigung, Avocado für den Geschmack und Schokolade zum Glücklichsein. Fazit: Es funktioniert! Ich stehe auf und spüre, dass meine rechte Achillessehne heute wieder etwas gereizt ist, will aber dennoch bis Torres del Río weitergehen und nicht in Los Arcos einkehren.

Tag für Tag stelle ich mich auf dem Weg einer neuen Herausforderung und merke, dass ich es schaffen kann. Kontinuität, Willensstärke und vor allem Vertrauen – das sind die Zauberwörter, mit denen ich alles erreichen kann, was ich mir wünsche.

In Los Arcos wollen wir die Kirche besichtigen, würden aber eine Messe stören. Wenn wir nur wüssten, dass Stefan in der Kirche sitzt. Ich habe ihn seit einer Weile nicht mehr gesehen, wir haben uns im Laufe des Vor-

mittags aus den Augen verloren. Auf einem Zettel schreiben wir „*Stefan, we are on to Torres del Rio. The family waits for you there. Wir lieben Dich*". An der Herberge am Ortsausgang legen wir ihn vor die Eingangstür.
Die nächsten zwei Stunden laufen wir vorbei an beeindruckenden Olivenhainen und Weinfeldern, die alle nicht größer sind als ein paar wenige Hektar.

Wenn ich den Weg laufe, schärfen sich meine Sinne. Ich spüre den Boden unter den Füßen, nehme jedes Geräusch wahr. Tag für Tag werde ich offener für das Gute, kann das Schlechte besser hinnehmen. Die Wahrnehmung für den eigenen Körper ist geschärft. Die Gedanken kommen zur Ruhe. Selbst wenn sich Zweifel einstellen, kann ich sie wieder loslassen. Es ist gut, so wie es ist. Es gibt keinen schöneren Moment als den gegenwärtigen – lachen, nachdenken, laufen, die ein oder andere Träne, all das gehört dazu. Ich nehme alles an. Es wird mir helfen, mir selbst ein Stück näher zu kommen.

In Torres del Río angekommen, ist Stefan schon da, und alle freuen sich. Wahrscheinlich hat er uns überholt, als wir unterwegs, mal wieder, in ein Café eingekehrt sind. Wir sind so etwas wie eine Pilgerfamilie geworden. Ich muss lachen. Niemand trägt es dem anderen nach, wenn man weiterläuft, andere Entscheidungen trifft oder einfach nur still ist, mal nichts sagt. Es ist ein unglaubliches Gefühl, diese Freiheit zu genießen, nicht zu wissen, wen man abends trifft, wo man schläft, und was

man fühlen und denken wird. Es ist befreiend. Und dann ist es auch eine Freude, am Abend das eine oder andere bekannte Gesicht wiederzusehen.
Das Essen an diesem Abend ist das bisher Beste auf dem Weg, und so wie es scheint, sind wir nicht die Einzigen, die heute Nacht im Ort rasten wollen. Alle Betten sind belegt, und die Leitung der Herberge hat kurzerhand aus der benachbarten Halle Sportmatten besorgt. In einem kleinen Esszimmer mit Internet, PC und Spielautomat legen wir sie aus und richten uns wohnlich ein. Mein Schlafplatz für die Nacht befindet sich auf einem großen rustikalen Holztisch. Besser hätte ich es nicht antreffen können! Ein aufregender Tag neigt sich dem Ende zu.

Achte Etappe: Von Torres del Río nach Logroño
Eisgekühlte Getränke

Ich werde geweckt von Glockengeläut. Unser Herbergsvater empfahl uns am vorigen Abend, heute so früh wie möglich aufzustehen, um es zu hören. Das spannende ist, dass die gespielte Melodie aus drei unterschiedlichen Richtungen schallt.
Der Weg führt heute querfeldein, der Wind weht von Stunde zu Stunde wärmer durch die kontrastreiche Landschaft. In einer Senke entdecke ich Feigenbäume, leider tragen sie zu dieser Jahreszeit noch keine reifen Früchte, lediglich daumengroße Kügelchen hängen an den stämmig gewachsenen Pflanzen.

In der aufsteigenden Mittagssonne überquere ich Serpentinen und erklimme staubige Bergpfade. An einer von Sträuchern beschatteten Stelle entdecke ich zwei schwarze Kunststoffeimer, die mit Plastiktüten vollgestopft sind. Ich frage mich, was das hier zu suchen hat und warum jemand seinen Müll hier abstellt. Als ich näherkomme, erkenne ich jedoch, dass sich darin mit Eis bedeckte, gut gekühlte Getränke befinden. Bei Mitnahme soll man einen Euro in eine bereitgestellte Dose werfen. Was für nette Menschen es doch gibt! Nicht zu früh urteilen, denke ich. Sonst gäbe es für mich womöglich jetzt kein erfrischendes Getränk, das in der Mittagshitze höchst willkommen ist. Immer wieder laufe ich Bettina, Stefan und Konstanze über den Weg. „Trinken wir einen Kaffee zusammen?" Und schon gehen wir gemeinsam und schweigend zum nächsten *Panadero* - zum nächsten Bäcker.

Kurz nach Torres del Río verlasse ich die Region Navarra. Es folgt die Provinz von La Rioja, das wohl bekannteste Weinanbaugebiet Spaniens.

Neunte Etappe: Von Logroño nach Nájera
Alleine oder doch in Gesellschaft?

Die Erlebnisse auf dem Jakobsweg bleiben für immer. Sie fließen in den Alltag ein und bereichern das Leben auf vielfältige Weise. Auch Jahre nach der Wanderung bleiben Erfahrungen und Gedanken präsent, bleibt die Erkenntnis der Freiheit. Selbst wenn es im Alltag – eingespannt zwischen Erwartungen und einem vollen Ter-

minplan - zuweilen schwerer wird, diese Freiheit zu leben.

Mein Tag beginnt heute später als gewohnt. Die Landschaft hat sich verändert, ich muss mich an die wärmeren Temperaturen und die Beschaffenheit des Weges erst gewöhnen. Dreißig Kilometer liegen vor mir bis Nájera. Eine weite, karge Strecke, die mir viel abverlangen wird.

Es ist kurz nach acht Uhr und vor der Tür weht mir schon ein warmer Wind ins Gesicht. Es verspricht, ein heißer Tag zu werden. Ich schließe die Augen, genieße den Moment. Mein innerer Soundtrack beginnt wieder. Ich liebe dieses Gefühl. Es erinnert mich daran, wie es ist, wenn die ersten warmen Sonnenstrahlen am Ende des Winters durchkommen. Die Vögel zwitschern wieder, und man sitzt draußen und trinkt Kaffee, dazu spielt Musik und es gibt Kaffee und Kuchen. Der Tag beginnt perfekt! Meine lieb gewonnenen Bekanntschaften starten gemeinsam mit mir. Es geht Richtung Stadtgrenze, vorbei an bunt bepflanzten Kreisverkehren, entlang scheinbar endloser, noch wenig befahrener Straßen bis zu einem Stausee. Ich sehe Angler, die in aller Seelenruhe auf ihren ausgefransten Klappstühlen sitzen. Sie hoffen darauf, den einen oder anderen Fang zu machen. Einige grüßen: „Buen Camino", andere blicken weiterhin unberührt auf die Pose, die sich gleichmäßig auf dem Wasser auf und ab bewegt.

Pilger sind, wie es scheint, für einige Einheimische keine große Besonderheit mehr. Vor mir erstreckt sich eine weite Ebene, und ich lasse den Blick schweifen. In der Ferne ragen Berge in den Himmel auf, deren Gipfel noch mit Schnee bedeckt sind.

An manchen Tagen wünsche ich mir auf dem Weg jemanden herbei, um ein Gespräch zu führen oder einfach nur, um nicht alleine zu wandern. Dann wieder gibt es Tage, da ist es andersherum: Ich wäre lieber alleine, statt in Gesellschaft. Warum ist das so? Vielleicht ist es eine der Fragen, die ich mir mit der Zeit auf dem Weg beantworten kann.

Freiheit

Schließe die Augen, lege mich hin und falte die Hände auf der Brust. Setze die Kopfhörer auf, und schalte mein Lieblingslied an. Meeresrauschen. Sofort schmecke ich die salzige Luft. Die Lunge füllt sich, mich durchströmt Sauerstoff getränkte Luft. Jede Zelle meines Körpers füllt sich. Ich atme aus, fühle mich gut. Das Meer in der Brandung spielt wieder und wieder das gleiche Lied. Unaufhörlich. Unbeeindruckt. Kraftvoll.
Ich verliere mich mit meinen Gedanken in der Unendlichkeit. Schweife ab und fliege über das Meer. Die Sonne glitzert auf der nahezu spiegelglatten Oberfläche des Wassers. Es hat die Farbe der Abendsonne angenommen und taucht das steinige Ufer von Minute zu Minute

mehr und mehr in rubinrotes Licht. Alles kommt zur Ruhe. In diesem Moment.
Es scheint, als stünde für einen kurzen Augenblick die Welt still. Diese Schönheit, dieses Gefühl des Seins, den Wind auf der Haut zu spüren, die Wärme, den Sand, der durch die Finger rieselt. Berühre es, fühle es, koste es, liebe es und verstehe, dass es da ist. Erschaffe keine neue Welt. Öffne die Augen, denn alles ist da.
Ich ändere mein Denken, öffne mich und beobachte, was passiert, wenn ich erkenne, dass ich ein Teil davon bin, und echt.

Was ist Freiheit?
Was ist meine Freiheit?

Ich gehe bergauf. Neben mir rauscht ein kleiner Bach, fließt in rasender Geschwindigkeit, als ob er vor etwas fliehen würde. Die kleinsten Dinge erreichen mich, jedes Detail um mich herum nehme ich wahr. Da ist kein Handy, keine Musik, kein Mensch. Da bin nur ich, mit meinem Gepäck, auf dem Weg.

Vor mir liegt ein scheinbar unendlich weites Feld von Weinreben. Die rasterförmige Anordnung wirkt im ersten Augenblick so unnatürlich. Jede Rebe ist akkurat und symmetrisch angeordnet, an Drähten befestigt, die zwischen Holzpfosten aufgespannt sind. Hier wächst der bekannte Rioja - Rotwein. Ich genieße jeden Schritt auf dem ausgetrockneten Boden, dessen Staub ich aufwirbele, und versinke wieder in Gedanken.

Oft grübele ich lange nach über mein Leben, über die Ursachen für erlittenes Unrecht, für mein Leiden und meine Traurigkeit und finde kein Ende. Ich werde melancholisch und unbeweglich.
Tiefes Nachdenken aber ergibt nur dann einen Sinn, wenn es darauf gerichtet ist, eine Wirkung in meinem Leben zu entfalten. Es gilt, meine eigenen Gedanken ernst zu nehmen, ein Gespür dafür zu entwickeln, wann der Zeitpunkt gekommen ist, das Denken zu beenden und in die Bewegung zu gehen. Allzu oft kenne ich die Antworten auf meine Fragen längst, schrecke aber davor zurück, mich aufzumachen und etwas zu verändern.

Kaum ein paar Minuten später erreiche ich den nächsten Ort, in dem mir bekannte Gesichter begegnen. Es gibt *Café con leche* – Kaffee mit Milch.

Es vergeht kein Tag auf dem *Camino*, an dem ich nicht mindestens zwei Pötte *Café con leche* trinke. Noch dazu in echten Tassen statt als Coffee to go. Ich bin zwar zum Laufen hier, aber die Zeit nehme ich mir, ihn im Sitzen zu trinken. Dazu Baguette mit Serrano-Schinken und Käse belegt. Ich verliere wenige Worte, die Pause bleibt kurz, und ich gehe alleine weiter bis zu einer Kirche.

Alles, was mich umgibt, ist für mich göttlich. Jede Religion hat ihre Wahrheit und Daseinsberechtigung, und sie alle können nebeneinander existieren, denn die Schöpfung, unser Sein, ist göttlich.

Das Bauwerk ist gewaltig. Von außen war mir das Ausmaß gar nicht bewusst. Ich betrete das Kirchenschiff und setze mich in eine der hölzernen Bankreihen, gehe in mich. Den Weg bis nach Nájera laufe ich später alleine, der Himmel über mir leuchtet tiefblau, und die Sonne brennt auf die Erde herab. Es scheint, als ob mein Ziel, der schneebedeckte Berg, in so weiter Ferne liegt, dass ich es erst in ein paar Tagen erreichen kann.
Die Einsamkeit, niemanden um mich zu haben, kann ich schon nach wenigen Minuten kaum mehr ertragen und will mein Handy einschalten, will fragen, ob alles gut ist bei den anderen. Aber ich tue es nicht.

Auf dem Camino bin ich für mich alleine, da ist niemand. Nur die Natur, die jederzeit mein Begleiter ist. Tiere, die am Boden davonhuschen. Pflanzen, deren Duft ich aufnehme. Luft, deren Kraft ich atme. Wasser, das mich am Leben hält und der Himmel, der jeden Abend aufs Neue die Bühne bereitet für phantastische Sonnenuntergänge.

Es ist Mittag, und die Sonne brennt auf meiner Haut, die ich mit der Bio-Sonnencreme kaum mehr schützen kann. Ich sitze ein paar Meter neben einer Herberge, fühle mich alleine. Sicher brauche ich ab und zu meine Zeit für mich, um Gedanken zu verarbeiten. Besonders beim Laufen passiert so viel.
Die Luft flimmert, und in der Ferne hinter mir erkenne ich ein bekanntes Gesicht. Stefan hat mich eingeholt, und ich sehe, dass es ihm ähnlich geht wie mir.

Wir laufen still und erleichtert nebeneinander her, sind auf dem Weg zu unserer Unterkunft für die Nacht, verlieren kaum ein Wort. Schließlich reden wir doch.
Heute schlafen wir in einer großen Herberge am Fluss Najerilla. Sie bietet Platz für etwa hundert Pilger.
Mein Bett steht am Ende des Raumes im Mittelgang. Vor mir liegen Dominic, Konstanze und Stefan.
Die Pilgerfamilie hat wieder zusammengefunden. Ich lege meinen Rucksack auf das Bett, schnappe mir mein Tagebuch, eine Flasche Wasser und gehe hinunter zum Fluss. Als Pilger bewegt man sich mit einem völlig anderen Bewusstsein durch die Welt. Die Bewohner des kleinen Städtchens gehen ihrer alltäglichen Arbeit nach, während ich auf der Suche bin nach etwas, von dem ich noch nicht weiß, was es ist.
Der Tag war sehr bewegend und aufreibend. Warum habe ich Angst vor den Gefühlen, die mich heute begleitet haben?! Ich habe ein mulmiges Gefühl im Magen und denke nach. Will ich darauf wirklich eine Antwort? Ich denke schon und ziehe zwei Möglichkeiten in Betracht, meine Fragen beantwortet zu bekommen: Entweder ich verarbeite diese Gefühle alleine und werde lange Zeit damit beschäftigt sein, oder ich verarbeite sie mit den Menschen, die mir auf dieser Wanderung so sehr ans Herz gewachsen sind. Stumm formuliere ich einen Dank an sie:
Schön, euch zu sehen, euch vertrauen zu können, auch wenn ich meine Probleme und Beweggründe, meine Tränen und meine Freuden für mich klären muss. Dafür bin ich hier. Danke.

Zehnte Etappe: Von Nájera nach Santo Domingo de la Calzada
Starte den Weg alleine

Heute Morgen bin ich schnell aus dem Bett gekommen, es war ein sehr erholsamer Schlaf. Selbst die durchgelegene Matratze und das Lattenrost, das mir ins Kreuz drückte, haben mich nicht gestört.

Gestern Abend habe ich mit Konstanze die Messe in der Kirche besucht. Konstanze war so lieb und hat die wichtigsten Aussagen des Priesters für mich übersetzt. Während der Messe sollten wir uns in die Arme nehmen, was wir auch taten, um danach den Segen des Priesters zu empfangen.

Nach der Messe gingen wir dann ins Restaurant und setzten uns an den ersten freien Tisch. Die Kellnerin war aufgeschlossen, jedoch sichtlich gestresst, und es gab kaum noch etwas zu Essen. Wir mussten aus nur noch drei verbliebenen Speisen wählen. Eigentlich gar nicht so schlecht, dass es nicht so kompliziert wurde, und wir uns nicht zwischen fünfzig verschiedenen Angeboten entscheiden mussten.

Heute läuft jeder für sich. Ein Halt in Azofra bringt uns kurz zusammen, und ich frühstücke mit Dominic, Konstanze und Stefan. Ist das schön neben dem kleinen Springbrunnen!

Es schwirren mir wieder viele Gedanken durch den Kopf. Warum reden Andrea und ich kaum noch miteinander? Wahrscheinlich ist es so, weil ich jetzt mit anderen Leuten unterwegs bin und sie ja auch. Das Wandern fällt mir heute leicht und macht mich um eine Erfahrung reicher. Manchmal brauche ich Zeit für mich. Weil sich nur in dieser Zeit Gedanken entwickeln können, die mir helfen, mit Situationen in meinem Leben, Emotionen und vor allem mit mir selbst klarzukommen.

Zeit für sich braucht jeder, ob Familienmensch oder Einzelgänger. Meine Hürde ist es, Leute kennenzulernen. Wenn ich an die vergangenen Tage zurückdenke, hat sich schon einiges in mir in Bewegung gesetzt. Ich soll den Weg alleine laufen, doch ich möchte abends wieder mit Menschen zusammentreffen, bei denen ich mich wohlfühle. Meine Erkenntnis daraus ist, dass ich den Weg alleine starten sollte. Mit wem ich schließlich gemeinsam laufen werde, wird sich ergeben.

Es ist sehr heiß, und auf den letzten Kilometern nach Santo Domingo verläuft die Route nur noch geradeaus und entlang staubiger Feldwege über einige Hügel. Ich kann schlecht einschätzen, wie weit die Stadt noch entfernt ist, aber irgendwann erreiche ich sie doch.
Am Abend gibt es Pizza und ein leckeres San Miguel in der Dose. Das Bier ist die Kopfschmerzen am nächsten Morgen allemal wert, damit kenne ich mich jetzt schon aus. Die kleinen Flaschen Wein gibt es leider nur im Dreierpack, und keiner will heute mit mir Wein trinken.
In der Herberge treffe ich Sandra und Clemens wieder. Sandra ist mir sehr sympathisch, weil sie eine so umgängliche und zwanglose Art hat. Zumindest hier und jetzt. Das tut mir gut!

Elfte Etappe: Von Santo Domingo de la Calzada nach Belorado
Club- Urlaub

Ich habe Kopfschmerzen. *Woher kommen die bloß?!* Ah, ich erinnere mich ... das Bier! Und das miese Wetter. Ich bin noch hundemüde, habe diese Nacht zwar tief und fest geschlafen, aber irgendeinen Wirrwarr geträumt, der mir heute Morgen noch auf der Seele liegt. Am vergangenen Abend habe ich Konstanze gebeten, mich gegen fünf Uhr zu wecken, weil ich gegen 6:30 Uhr loslaufen wollte, um den Tag in aller Frühe zu genießen.

Konstanze, Stefan, Dominic und ich frühstücken gemeinsam und machen uns auf den Weg, vierundzwanzig Kilometer liegen heute vor uns. Nicht zu kurz, nicht zu lang, eine angenehme Strecke, die uns wahrscheinlich weniger Anstrengung abverlangen wird als die Strecken bisher. Es schwebt weißer, dichter Nebel über den Feldern, dessen Partikel ich mit bloßen Augen erkennen kann. Eine andächtige Ruhe liegt in der Luft, während ich hinter mir und vor mir die gleichmäßigen Schritte anderer Pilger vernehme.

Die ersten Minuten gehen wir gemeinsam als Gruppe, anschließend begleitet mich Dominic eine Weile, und schließlich bin ich wieder alleine unterwegs. Ich empfinde es als unglaublich befreiend, allein zu sein, obwohl mich meine Gedanken manchmal auch niederdrücken. Aber heute löse ich mich von den alten und überflüssigen Gedanken, genieße die Umgebung, lausche entspannt auf meine innere Stimme. Was hat sie mir überhaupt zu sagen? Vielleicht, dass ich meinem Verlangen freien Lauf lassen und sehen soll, was passiert, wenn ich nichts beeinflusse. Wenn ich zurück im Alltag bin, wird die Zeit dafür rar werden. Doch sich fallen zu lassen, das ist oft leichter gesagt als getan. Zwanglos in den Tag hineinzuleben, sich unabhängig zu machen und einfach nur zu sein. Auf dem eigenen Weg. Meinem Weg. Manchmal liebe und genieße ich diese Freiheit, manchmal drückt sie mich nieder, und ich halte mich lieber von ihr fern.

Den Weg alleine zu gehen, ist nicht immer leicht. Doch mich von angenommenen Erwartungen frei zu machen und auf die eigenen Bedürfnisse zu achten und zu ihnen zu stehen, statt in einer Gruppe mitzuschwimmen, ist wichtig, um mir selbst näher zu kommen. Meinen eigenen Ideen folgen, das erfordert Überwindung, ist aber auf Dauer nur zum Besten.

Es ist schön, wie viel Zeit ich hier auf dem Weg für alles zur Verfügung habe. Ich teile mir alles nach meinen Wünschen ein, muss niemandem gerecht werden. Ich raste, wenn mir danach ist, laufe schneller, wenn ich in meiner Kraft bin, werde langsamer, wenn meine Beine nicht mehr wollen. Keiner beschwert sich. Dass ich meine Zeit nach der Wanderung mit den anderen verbringen will, habe ich für mich entschieden. Es tut mir gut. Anfangs fällt es mir nicht leicht, alleine zu gehen, weil ich mir selbst die Sicherheit geben muss, dass alles gut ist, wie es ist.

Was gibt es Schöneres, als genau das zu lernen und zu tun: mich selbst zu erleben und mich selbst auszuhalten.

Kurz vor Grañón komme ich an Konstanze vorbei. Wir laufen ein Stück des Weges bis zum Ort gemeinsam. „Kannst Du mir Spanisch beibringen?", frage ich Konstanze. Wir werfen uns spanische und deutsche Sätze zu: „Es ist ein guter Tag, um zu wandern." Auf Spanisch: „Es un buen dias para caminal." Das ist ihr erster ganzer Satz auf Deutsch und mein erster auf Spanisch. Ich kann Spanisch sprechen! Okay, einen Satz.
In Grañón bestellen wir uns *„Dos croissant y un café con leche, por favor"*. Stefan war schon in der Kirche. Mir geht es momentan sehr gut auf dem *Camino*. Rückzugsorte wie Kirchen geben mir Kraft, und auf dem Weg kann ich meine Gedanken sortieren. Ich habe einige Artikel über Ley–Linien gelesen, auch heilige Linien genannt, die sich an Orten wie Kirchen und Klöstern überschneiden sollen, wodurch diese Kreuzungspunkte zu Orten der Kraft werden. Vielleicht ist da ja etwas dran.
Die nächsten fünfzehn Kilometer gehören mir ganz alleine, und ich laufe in einem zügigen Tempo. Ich singe Lieder vor mich hin, die ich mal im Chor gelernt habe. Kurz vor Belorado warte ich und setze mich auf den Boden. Ich nehme meinen Rucksack ab und schnüre die Schuhe auf, um meine Füße zu entlasten. Ich gönne ihnen eine Weile Licht und Luft. Es ist jetzt fast zwölf Uhr, und ich bin schon knapp sechs Stunden unterwegs. Bis Stefan und der Rest eintreffen, vergeht eine halbe

Stunde. Zusammen melden wir uns in der ersten Herberge im Ort an, der *Albergue a Santiago*.
Wir sind die einzigen Gäste, da die Herberge fast neu ist und noch nicht im Verzeichnis steht. Als ich nach draußen auf die Terrasse trete, öffnet sich mein Blick auf einen riesigen Pool. In der Herberge gibt es mehrere Räume mit Doppelstockbetten, ein Restaurant, eine große Küche und einen Waschraum.
„Sieht mir ganz nach einem Club-Urlaub aus", sage ich, und wir müssen lachen. Im Zentrum der kleinen Stadt suchen wir einen Supermarkt auf und decken uns für das Abendessen ein. Zurück in der Herberge esse ich schnell noch etwas und gehe zu den anderen an unsere private Badestelle. Erst liegen wir nur am Pool und lassen uns die Sonne auf den Bauch scheinen. Als ich den Fuß ins kristallklare Wasser halte, ist es mir, so aufgeheizt wie ich bin, wirklich zu kalt, obwohl die Außentemperatur ganz sicher schon über dreißig Grad Celsius beträgt.
Erst liege ich auf dem Handtuch, setze mich dann an den Tisch, schreibe und bin in Gedanken versunken. Es ist ein wunderschöner Tag. Stefan, Dominic und ich gehen schließlich doch ins Wasser und freuen uns wie die Kinder, im Wasser zu planschen.
Es ist Abend geworden und der Hunger treibt uns hinein, um zu kochen. Wir braten Auberginen in Öl und mit Sesam an, dazu gibt es Kartoffelscheiben und Zucchini. Draußen vor der Küche stehen Tische und Stühle entlang des Geländers aufgereiht, mein Blick schweift über

die Stadt zu den Bergen, hinter denen später die Sonne untergehen wird.

Jeder einzelne dieser Orte am Weg hat etwas Magisches. Besonders dann, wenn man den Anblick mit jemandem teilen kann. Und wieder fängt Musik an, in meinem Kopf zu spielen. Sphärische, zeitlose Klänge malen ein perfektes Bild von meinem Tag. Sie sind wie ein Soundtrack, der mich in bestimmten Situationen begleitet und die Stimmung nochmals verstärkt, den Moment vollkommen macht. Und das ist er. Vollkommen.

Meine Lust auf etwas Süßes ist auch auf dem Jakobsweg ungezügelt, also gehen wir auf einer Runde durch die Stadt ein Eis essen. Der Abend bricht herein. Stefan, Konstanze und ich sitzen noch bis spät abends vor der Herberge und haben Spaß. Stefan und ich versuchen, Konstanze deutsche Märchen zu erzählen - auf Englisch wohlgemerkt, was sich als unglaublich schräg herausstellt. Wörter oder Sätze, deren englische Übersetzung wir nicht kennen, umschreiben wir, und letzten Endes weiß keiner mehr, worum sich die Geschichte überhaupt dreht, aber die Atmosphäre dieses Abends ist bis heute in mir präsent. Es ist halb elf Uhr am Abend. Wir sind immer noch die einzigen Gäste in der Herberge. Selbst als wir schon in unseren Betten liegen, unterhalten wir uns noch. Was für ein toller Abend! Gute Nacht, und bis morgen!

Zwölfte Etappe: Von Belorado nach San Juan de Ortega
Wendepunkt

Ich komme heute Morgen nicht richtig aus den Federn. Es ist halb sechs. An diesem Tag geht es weiter nach San Juan de Ortega, eine Strecke von circa vierundzwanzig Kilometern liegt vor mir. 1150 Höhenmeter werde ich heute überwinden. Es ist kalt, sehr neblig, und es nieselt. Wir laufen gemeinsam aus der Stadt und wollen auch gemeinsam in einem kleinen Örtchen Kaffee trinken und frühstücken. In Villafranca del Bierzo steuern wir zum zweiten Mal eine Bäckerei an. Anschließend laufe ich noch ein Stück mit den anderen mit und schließe mich dann Dominic an. Wir reden über meine Beziehung, dann über Wohnungseinrichtung und Feng-Shui. Es klingt komplizierter als es ist, schließlich verstehe ich, warum ich nicht wirklich gerne im Restaurant an dem Tisch essen möchte, der mitten im Raum steht, während alle anderen am Fenster oder einer Wand sitzen. Mir geht es jedes Mal so, dass ich in ein Lokal eintrete, und ich mich erst mal nach einer Ecke umsehe, in der ich in aller Ruhe verweilen kann, ganz behütet.

Während meiner heutigen Etappe denke ich an die Zeit in der WG, die ich bis jetzt hatte, und entscheide mich wie aus dem nichts, meinen PC abzustoßen. Ich habe einen großen Teil meiner Zeit, wahrscheinlich über ein Jahr, damit zugebracht, wirklich sehr lange zu zocken. Obwohl die Zeit ziemlich gut war, fühlt es sich für mich aus heutiger Sicht wie eine Zeitverschwendung an. Und trotzdem möchte ich sie nicht missen.

Der Streckenabschnitt, auf dem ich gerade laufe ist acht Kilometer lang, landschaftlich geradezu monoton, aber trotzdem schüttet mein Körper ohne Ende Glückshormone aus. Es herrscht diese typische Stimmung endloser Weite und Hitze zur Mittagszeit. Als würde in einer Stadt die Siesta anbrechen, und plötzlich ist aller Trubel weg, jedes Geschäft geschlossen und kein Auto fährt mehr. Man hört nichts als vereinzelte leise Klänge, erzeugt durch knackendes Holz, huschende Eidechsen und den warmen Wind, der einige Steppenläufer – vertrocknete Sträucher aus Westernfilmen – verdächtig lautlos über die Straße weht.
Links und rechts erstreckt sich Wald, in der Mitte ein sehr breiter Weg und über mir strahlend blauer Himmel. Die Sonne steht im Zenit. Da sind keine weißen Streifen von Passagierflugzeugen, ich sehe keine einzige Wolke. Der Boden vor mir flimmert, und es ist still. Trotzdem habe ich das Gefühl, dass diese Stille einen ganz eigenen Klang hat.
Ich bin heute durcheinander und unruhig, etwas beschäftigt mich, ich weiß aber nicht was. Während ich laufe, summe ich Lieder vor mich hin, fotografiere die Pflanzen. Ich merke, dass ich gerade sehr nahe am Wasser gebaut bin, obwohl ich keine Traurigkeit spüre. Nachdenklich und etwas melancholisch bin ich.
Kurz vor dem Ortsschild von Ortega gelange ich über eine kleine Brücke und gehe rechts hinunter zu einem Bachlauf. Ich lege den Rucksack ab und sehe tausende kleine Wasserläufer und Frösche. Das Geräusch des hin-

plätschernden Wassers beruhigt mich, und ich kann meine Gedanken ein wenig ordnen.

Zusammen mit den anderen gehe ich die letzten Meter in den Ort. Ich habe ihn schon von weitem durch eine alte Feldsteinmauer gesehen.

Konstanze sieht mich unvermittelt an und sagt, dass ab heute wohl der psychische Teil des Jakobsweges begonnen hat. Ich schaue sie mit großen Augen an, weil die Anmerkung wie aus dem Nichts zu kommen scheint, verstehe aber sofort, was sie meint und nicke.

Der physisch fordernde Teil ist überwunden. Man ist körperlich fit und in der Verfassung, den Rest des Weges zu bestreiten. Aber jetzt kommt langsam der Punkt, an dem man sich vom Alltagsstress befreit und tiefere Gedanken an die Oberfläche treten und nach Aufmerksamkeit verlangen.

Die Erfahrung habe ich auch schon im Urlaub gemacht. Erst nach zwei Wochen erholt man sich allmählich.

Es ist erstaunlich, wie viele Gedanken mich tagtäglich beschäftigen, sodass ich oft mehr als zwei Wochen brauche, um ein Level zu erreichen, auf dem ich beginnen kann, mich tiefgründiger mit meinem Leben zu befassen. Ich stelle es mir so vor: Es gibt mich als Mensch, wie ich wirklich bin, und ich strebe nach emotionaler Authentizität. Ich verrichte meine täglichen Aufgaben, gehe meiner Arbeit nach und bin dabei ständig mit Informationen konfrontiert – mit Werbung, E-Mails, Telefonaten, Gesprächen, TV-Sendungen.

Und das ist längst nicht alles. Meine Umwelt hält unzählige Dinge bereit, die mich zum Denken anregen, mal bin ich mir dessen bewusst, mal nicht. Dabei bleibt zuweilen etwas ganz Entscheidendes auf der Strecke: das Ich. Es ist im Alltag fast unmöglich, mich mit mir selbst und meinen Gedanken auseinanderzusetzen, weil mein Kopf ständig damit beschäftigt ist, viel unnützes Wissen zu verarbeiten.

Diesen Berg von Trash muss ich jedes Mal aufs Neue abtragen, um an die wirklich wertvollen Informationen zu gelangen, an das, was mich selbst ausmacht, an das Ich. In der heutigen Zeit, in der ich nahezu den ganzen Tag mit Informationen bombardiert werde, kann eine lange Reise Wunderdinge wirken.

Ich frage mich: Wer oder was treibt mich dazu, so viele Dinge anzuhäufen, unzählige ermüdende Gedanken zu denken und Mahlzeiten zu essen, die meinem Körper nicht guttun und mich mit Menschen zu umgeben, die mir ebenfalls nicht guttun? Vielleicht sollte ich immer wieder eine Bestandsaufnahme machen, bei der ich genauer darauf schaue, was mir schadet und was mir guttut. Alles Gute sollte ich erhalten und mich von Verhaltensweisen, Gegenständen und Beziehungen trennen, die mir nicht mehr entsprechen oder mich nur belasten. Nach dieser Inventur ist in meinem Leben wieder Platz für neue Begegnungen.

Dreizehnte Etappe: Von San Juan de Ortega nach Burgos

Zu Fuß oder mit dem Bus?

Früh am Morgen, es ist sechs Uhr, stehe ich auf, um mich auf den Weg nach Burgos zu begeben. Zum ersten Mal treffe ich mit den anderen an einer Herberge zusammen, um in aller Ruhe zu frühstücken. Der Morgen beginnt neblig und frisch. Ich bilde mir ein, die vielen kleinen Tropfen des Nebels zu erkennen. Es wirkt pointillistisch, wie in einem Gemälde von Signac. Der folgende Aufstieg verläuft in absoluter Stille. Ich kann kaum weiter als zehn Meter sehen, und ich richte den Blick vorwiegend auf den Boden, um nicht über die schroffen Steine zu stolpern. Links und rechts des Weges ziert die Feuchtigkeit der Luft Spinnennetze und Mohnblumenblütenblätter. Im dichten Nebel höre ich Schafe blöken. Der Tag beginnt eigenartig und hat doch auch etwas vertrautes. Wahrscheinlich ist es die Stimmung, die mich mal wieder dazu bringt, mich in Gedanken zu verlieren, obwohl ich das gar nicht will.
Es geht höher und höher hinauf, meine Schuhe drücken. Ich verspüre ein unangenehmes Gefühl an der linken Ferse. Dann wird der Weg flacher, und vor mir taucht ein großes, hölzernes Kreuz aus dem weißen Nebelmeer auf. Ich bekomme Gänsehaut.

Ich lasse das Kreuz hinter mir und folge dem Pfad zu einem Plateau, das etwa die Größe eines Fußballfeldes hat. Vor mir öffnet sich ein spiralförmiger Steinkreis. Ich zähle die Bahnen und komme auf sechzehn.

Ich warte auf den Rest der Gruppe und gemeinsam laufen wir bis zum Zentrum des Kreises. Es dauert über fünf Minuten, bis wir den Mittelpunkt erreichen, obwohl der Radius höchstens acht Meter beträgt. Ich weiß nicht, was das Bauwerk bedeuten soll. Möglicherweise wird hier der Weg nach Santiago en miniature gezeigt: Ich kann die Wirkung des Weges nur erfahren, wenn ich ihn Etappe für Etappe, Kehre für Kehre, Anstieg für Anstieg, Stunde um Stunde gehe. In der Mitte stellen Konstanze, Bettina, Stefan, Dominic und ich uns in einem Kreis um die Steine auf und legen unsere Hände über der Mitte zusammen.

Konstanze sagt: „Thank you guys for walking to Santiago with me. Buen Camino." Wir halten die Augen geschlossen, flüstern mit rauer Stimme „Buen Camino" und harren so eine ganze Weile aus. Es ist unglaublich, was in dieser kurzen Sequenz passiert. Ich spüre die Energie, die mich durchströmt. Ich kann es kaum beschreiben, man muss es selbst erfahren. Wir laufen die Bahnen des Kreises wieder zurück, reden kaum. Auf nach Burgos!

Kurz nachdem wir losgegangen sind, fragt mich Stefan: „Und? Wie war es für dich?" Ich überlege einen Moment, um die richtigen Worte zu finden: „Es war toll, zu spüren, dass die Kraft größer ist, wenn man etwas gemeinsam macht." Stefan antwortet mir: „Tja Toni, so ist das. Wenn man etwas zusammen macht, ist die Energie immer stärker. In allem!" Und genau dieser Satz öffnen die Schleusen in mir. Ich weine, kann mich nicht halten, laufe schneller den Weg hinunter in Richtung des nächsten Ortes, was mir zum Verhängnis wird. Meine Achillessehne macht mir wieder zu schaffen. An diesem Tag ist der Schmerz besonders stark.

Als ich das Dorf am Fuße des Berges erreiche, rede ich kurz mit Bettina und gehe weiter zum nächsten Ort, wo ich Sandra und Clemens wiedertreffe, die mir vorher angeboten hatten, mir einen Teil des Gepäcks abzunehmen. Wir setzen uns in ein Café. Ich muss meine Schuhe ausziehen und erfahre nebenbei, dass ich nicht der einzige bin, der Schmerzen im linken Bein und im linken Fuß hat.

Nach einer kurzen Rast laufen wir weiter und sind um halb zwei an einer Busstation am Stadtrand von Burgos. Konstanze und ich sind so erschöpft, dass wir uns entscheiden, die letzten zwei Kilometer mit dem Bus zu fahren. Ich will meine Sehne nicht unnötig weiter reizen.

In der Herberge, direkt hinter der Kathedrale, duschen wir und machen uns auf in die Stadt, suchen nach etwas Essbarem – Pizza und Paella.

Heute beginnt die Pilgermesse um halb acht. So gehen wir vorher noch einkaufen für morgen. Ich kaufe mir ein Kreuz für die Kette, die ich bereits seit Jahren ohne Anhänger trage.

Nach der Messe steuern wir die Allee Paseo del Espolón am städtischen Fluss an, essen Eis am Río Arlanzón und schlendern danach zurück zur Herberge. Heute muss ich mich leider von Sandra und Clemens verabschieden. Sie wollen an der Küste noch ein paar Tage ihren gemeinsamen Urlaub genießen. Ich mag die beiden sehr!

Mir fällt es schwer, liebgewonnene Menschen gehen zu lassen. Aber auch das gehört dazu. Ich sollte mir bewusst vor Augen führen, dass ich nichts verliere. Immer öffnet sich eine andere Tür. Starre ich aber weiterhin auf die geschlossene Tür hinter mir, ist es schwer, das zu erkennen.

Vierzehnte Etappe: Von Burgos nach Hontanas
Wassermangel?

That´s the Camino! Kein Wasser, kein Wind, keine Schatten spendenden Bäume. Ich bin völlig kraftlos und habe Kopfschmerzen. Weit entfernt läuft ein Esel mit Karren über die Straße. Aus der Nähe betrachtet ist da aber nichts. Kein Esel, kein Karren, nur eine Straße, gesäumt mit einem Dutzend Gebäude.
Nach über neun Stunden stoße ich in einem Tal auf ein Dorf: Hontanas.

Fünfzehnte Etappe: Von Hontanas nach Boadilla del Camino
Geduld

An diesem Morgen werde ich frisch und fröhlich mit einem Foto von mir geweckt. Stefan hat seinen Spaß, als er es sich auf dem Bildschirm ansieht und legt mir die Kamera zwinkernd auf die Bettdecke.

In der vergangenen Nacht zog ein heftiges Gewitter über den Ort und es war, da bin ich mir sicher, eines der gewaltigsten, das ich in den letzten Jahren erlebt habe. Auf einen Schlag wurde ich wach, und sah nur noch das Aufleuchten der Blitze.
Der Regen und der Wind haben meine Kleider von der Leine geholt, und nun liegen sie nass geregnet im Matsch. Toll! Ich habe zum Glück noch ein trockenes Paar Socken übrig. Um acht Uhr brechen wir auf. Konstanze und ich laufen zusammen. Regenponchos drüber und auf den Berg hoch. Unterwegs singen wir Lieder von bekannten Künstlern.
Irgendwann laufe ich alleine weiter, und vor mir dehnt sich eine Ebene aus. Soweit das Auge reicht, sind da Felder in allen erdenklichen Schattierungen der Farbe Grün. Dunkle und helle Wolken begleiten mich auf meinem Weg, ein angenehm frischer Wind weht. Trotzdem ist es einigermaßen warm.

In Ratgebern, auf Onlineportalen oder in Büchern zum Thema Selbstverwirklichung werden mir oft Lösungen für meine Probleme angeboten. Ob es sich um das Thema Partnerschaft dreht, die Sehnsucht nach einem schlanken, gesunden Körper oder einem erfüllten Leben - die Bibliotheken und Foren im Internet sind voll mit hilfreichen, aber oft auch irreführenden Informationen. Ich werde von diesem Überfluss schier erschlagen.
Ich suche nach Antworten und Lösungen, welchen Weg ich gehen sollte. Die Vielzahl der Variationen, die von außen auf mich einwirken, führen dazu, dass ich am

Ende der Suche zu mir Selbst nur noch mehr verwirrt bin. Das Thema „Wünsche" spielt bei der Suche nach mir Selbst eine besonders große Rolle. Meditationen, Gebete oder einfach das Äußern von Wünschen ganz ohne rituellen Charakter können Formen dieser Äußerungen sein.
Ich wünsche, weil ich etwas bestimmtes erreichen will. Wünsche kommen oft aus dem Inneren und zeigen auch eine Sehnsucht auf, die ich gerne stillen würde.
Ich hoffe darauf, dass es ausreicht, mir etwas zu wünschen und fest daran zu glauben, dass es in Erfüllung geht. Wenn der Erfolg dann ausbleibt folgt die Ernüchterung.
Aber wie soll das gehen? Ist es wirklich so einfach, das eigene Schicksal zu ändern? Reicht es aus, mir jeden Tag eine Veränderung herbeizuwünschen und zu hoffen, dass sich etwas zum Guten wendet? Frei nach dem Motto: Ich glaube daran, dass mein Leben irgendwann besser wird, dass ich ernst genommen werde oder irgendwann mehr Geld verdiene? Es gibt wahrscheinlich Millionen Menschen, die sich etwas wünschen, was doch nie in Erfüllung geht. Woran mag das liegen? Vielleicht daran, dass ich vergesse, dafür auch ernsthaft etwas zu tun?
Ich wünsche, hoffe und warte, dass das Schicksal mir schon irgendwann diese Wünsche erfüllt. Oder bin ich vielleicht von vornherein nicht davon überzeugt, dass es überhaupt klappen kann?

Andere widersprechen: Das Wünschen allein reicht nicht aus! Ich muss nur stark genug daran glauben, dann werde ich ein besseres Leben führen.

Ich muss mir erst eingestehen, dass ich unzufrieden bin und mich nach etwas sehne, aber noch nicht genau weiß, was das eigentlich ist. Es ist oft nicht leicht, zu wissen, wo ich hin will, wenn ich das Ziel nicht kenne. Ich kann aber den Weg gehen, der mir richtig erscheint. Diesen muss ich selbst wählen. Immer wieder und immer wieder. Und daran scheitert es nicht selten, obwohl es einfacher ist, als es zu sein scheint.

Horche ich in mich hinein und lausche auf meine innere Stimme, die mir sagt, was für mich richtig ist und was nicht? Wenn es mir nicht sinnvoll erscheint, lasse ich es meistens voreilig sein. Oft ist der Verlauf des richtigen Weges nicht vorhersehbar, ich muss den Mut haben, loszulaufen. Ich muss Dinge ausprobieren, denn nur wenn ich aufbreche, statt passiv darauf zu warten, dass etwas passiert, kann ich meinen Weg finden.

Ein weiterer störender Faktor ist die Abhängigkeit von Dingen, Menschen und selbst auferlegten Gewohnheiten. Wenn ich mich zu sehr in Abhängigkeit begebe, geht mein Antrieb, meine Kreativität und meine innere Stimme auf Standby. Ich bremse mich aus, indem ich mich frage, was andere von mir oder meinem Vorhaben halten, lasse Neid oder Misstrauen zu sehr an mich heran und verliere dabei mein Ziel aus den Augen, zu mir zu finden.

Um den eigenen Weg zu verfolgen, hilft es, von meinem Vorhaben wirklich überzeugt zu sein, mich unabhängig zu machen von negativen Emotionen und alten Glaubenssätzen. Vielleicht hilft auch schon ein aufbauendes Gespräch mit einer vertrauten Person oder das Buch, das davon handelt, das Leben zu lieben, davon, dem inneren Verlangen zu folgen. Blende ich die Stimmen von außen aus und horche in mich hinein! Die eigenen Zweifel sollte ich ebenso wahrnehmen, sie sind meine inneren Wegweiser. Wie oft denke ich im Nachhinein: „Das habe ich doch schon vorher gemerkt ...!"

Manche Dinge brauchen ihre Zeit und passieren nicht sofort. Sie geschehen über Nacht oder auch irgendwann, wenn der richtige Zeitpunkt gekommen ist. Das ist normal. Aber ich versuche oft, mein Ziel schon in dem Moment zu erreichen, wenn ich es mir gesteckt habe, gebe sofort alles: Ich richte sofort meinen Tagesablauf danach, konzentriere mich ausschließlich auf das gesteckte Ziel und vergesse alles, was nicht damit zu tun hat. Die Folge ist, dass das Echo durch die investierte Kraft mit unglaublicher Wucht zurückschlägt und mich sogleich überfordert, weil ich nicht damit gerechnet habe. Meine Gedanken und Wünsche brauchen eine Weile, bis sie verwirklicht werden können. Sie müssen sich setzen.

Es braucht Zeit, bis ich weiß, was meinen Wunsch ausmacht und was ich für die Erfüllung dieses Wunsches brauche. Wenn ich aber zu meinen Wünschen stehe und auf die Erfüllung hinarbeite, dann brauche ich nur Geduld, um sie zu verwirklichen.

Stefan und ich laufen ein Stück des Wegs gemeinsam, und ich kann seine Blicke nicht deuten. Er sieht mich oft und lange vielsagend an. Es würde mich nicht wundern, wenn er das gleiche über mich dächte.

Der Weg führt uns quer durch bewirtschaftete Felder, vorbei an bewohnten Erdhügelhäusern bis nach Boadilla del Camino. Dort soll heute ein Pool auf uns warten, aber mir ist bei dem Wetter nicht nach baden.

Die Herberge *En el Camino Albergue* war eine Empfehlung von Clemens: „Ihr müsst da unbedingt hin. Von außen sieht sie aus wie ein Schafstall. Aber im Innenhof ist es total schön!"

So stelle ich mir meinen Garten vor. Die Zimmer und Betten sind in einem mit Fachwerk ausgestatteten Gebäude auf der linken Seite untergebracht. Dunkle Balken gliedern den Raum, und zwei Öfen heizen im Winter die Luft auf. Im Grunde ist hier alles sehr beschaulich eingerichtet. Es erinnert mich an meine Kindheit, die ich in einem solchen Haus verbracht habe, bevor ich nach Potsdam zog. Die Herberge verströmt eine besondere Atmosphäre. Gelegentlich gebe ich mich dem Gedanken hin, wie es wäre, wenn alte Gebäude uns ihre Geschichte erzählen könnten.

In Brandenburg bin ich einmal mit meinem Mitbewohner durch die Ruinen einer alten Lungenheilanstalt in Beelitz gelaufen, natürlich bis in den Abend hinein. Lost Places dieser Art können einem wirklich den Atem verschlagen. Damals belebte ich jene Räume in meiner Fantasie, weil vieles noch so greifbar erschien. Ich dusche und spaziere dann mit den anderen durch das kleine Dorf. Uns begegnet keine Menschenseele, absolut niemand. Da ist kein Geschäft, das Samstag um halb fünf noch geöffnet hätte. Da sind nur klappernde Störche auf dem Kirchendach. Endlich zeigt sich auch die Sonne. Ich bin gerade nicht gut drauf.

Als ich meine Eindrücke später in mein Tagebuch schreibe, kommen mir die Tränen. Es ist 18:00 Uhr, und wir essen erst in einer Stunde zu Abend. Ich habe heute so ein leeres Gefühl in mir. Es fühlt sich an, als hätte ich etwas Wichtiges verloren, das ein wesentlicher Bestandteil meines Lebens war. Ich hadere mit mir, denke, ich vertraue mir zu wenig, dass ich mir oft Grenzen an den falschen Stellen setze.

Sechzehnte Etappe: Von Boadilla del Camino nach Carrión de los Condes
Vertrauen

Seltsam fühle ich mich heute. Die Fortsetzung der Gefühle von gestern? Ist es die Angst, vergessen zu werden? Tief in mir weiß ich, dass ich mich irre und mein Herz mir sagt, dass alles in Ordnung ist. Ich weiß nicht, woher dieses Gefühl kommt. Wenn es auch keinen Sinn ergibt, so ist es dennoch präsent.
Gelegentlich ist der Kopf voller Dinge, die zu Papier gebracht werden müssen. Ich muss mit geschriebenen Worten wiedergeben, was in mir passiert, was ich fühle und erlebe.

Das Schönste

Das Schönste,
das mir passieren kann,
auf dieser Welt:
Ich finde einen Menschen,
der zu mir gehört.
Höre ich ihn,
hört er mich.
Bin ich allein, obwohl ich es nicht will,
wird er bei mir sein.
Ganz ungezwungen,
ohne Angst,
hingebungsvoll.
Wie ein Wind, der sich um die Blumen legt,
sie umschmeichelt.
Wie ein Duft, den ich nicht kenne,
der mir aber vertrauter ist,
als irgendetwas sonst.
Wie Augen,
in die ich blicke,
tiefer als in jedes Wasser,
und die doch
- ehrlich sind.
Still, ruhig,
ganz sanft, legst Du Dich zu mir und
schläfst ein ...
ganz langsam ...
ganz behütet.
Dein Atem -
so warm, so weich ...
bis zum Morgenrot.

24.05.2009

Siebzehnte Etappe: Von Carrión de los Condes nach Terradillos de los Templarios
Nichts denken kann äußerst kompliziert sein

Das erste Ritual, dem ich allmorgendlich folge, ist das Frühstück. So auch heute. Ich sage kein Wort. In einer Bäckerei, die Croissants, Bocadillos und andere Teigwaren frisch aus dem Ofen anbietet, frühstücke ich reichhaltig. Zu Beginn des heutigen Tages laufe ich mit Konstanze. Bald gehe ich den Weg alleine. Wir treffen uns nach etwa sechs Kilometern wieder an einem kleinen Imbiss. Sandra und Clemens sind überraschend nach drei Tagen auf den *Camino* zurückgekehrt. Ich freue mich sehr darüber und frage sie, wieso. Sandra lacht, setzt ein strahlendes Lächeln auf und sagt: „Der geplante Urlaub am Wasser war doch nicht so das Wahre. Der *Camino* hat uns einfach nicht losgelassen."
Das scheint der Weg so an sich zu haben: Wenn er dich einmal am Wickel hat, lässt er dich nicht mehr los.
In den nächsten vier Stunden begegne ich keiner Menschenseele, die ich kenne, laufe wieder alleine. *Es ist gut so*, denke ich mir. In der Ruhe kann ich meinen Gedanken nachgehen. Und ja, es ändert sich immer etwas, und der Kopf ist immer beschäftigt. Ich versuche, ab und zu an nichts zu denken, und es fällt mir schwer. Durch was soll ich diese Gedanken ersetzen? Vielleicht könnte ich jedes Mal ein Lied singen oder einen Apfel essen und versuchen zu erraten, welche Sorte es ist. Wie geht das denn, dieses „nichts denken"?

„Man kann nicht nicht kommunizieren." So lautet eines der fünf Axiome von Paul Watzlawick. Ich glaube, es ist möglich, mit viel Übung sehr wenig zu kommunizieren als auch zu denken, aber gar keine Gedanken zu haben, finde ich äußerst kompliziert!

Mir fällt etwas ein, das ich während meiner Zeit im Zivildienst erlebt habe. Vor einigen Jahren nahm ich mir vor, meine Ernährung auf vegetarische Kost umzustellen. Ich wollte es ausprobieren und ließ konsequent alles weg, was Fleisch oder Gelatine beinhaltete. Das bedeutete: kein gewöhnlicher Käse mehr, keine Gummibärchen (die ich zum Glück sowieso nicht so gerne aß), kein Schinken, nichts.

Es war eine aufschlussreiche Zeit, zumal es mir während dieser Monate an nichts fehlte. Ich kochte plötzlich die wohlschmeckendsten Gerichte, die gar nicht so aufwendig waren. Es gab frittierten Blumenkohl, Avocado - Creme mit Knoblauchbrot und Champignons angebraten in Öl mit paniertem Tofu und Sesam. Durch die Umstellung schärften sich die Sinne auch für andere Inhaltsstoffe. Ich las die Rückseite der Produkte, um die Zutaten nach der Existenz tierischer Bestandteile zu durchsuchen. Für mich war es eine Art Selbsttest. Ich wollte etwas Neues ausprobieren.

Nach dieser Zeit verlief mein Leben anders, auch wenn das nach außen nicht direkt sichtbar war. Die Eindrücke und Erkenntnisse während dieser radikalen Ernährungsumstellung haben mich auch in anderen Bereichen verändert, und ich habe neue Denkanstöße erhalten.

Im Laufe dieser Findungsphase hatte ich die Möglichkeit, in einem buddhistischen Tempel in Berlin an Meditationen teilzunehmen. Und auch diese neue Erfahrung prägte mich maßgeblich: Ich betrat den Raum, und auf einmal war alles anders! Absolute Ruhe. Jeder begrüßte sich wortlos mit gefalteten Händen und senkte kurz den Kopf. Es roch nach Weihrauch und grünem Tee. Papierne Paravents trennten den großen Saal vom Flur und gaben dennoch den Blick frei auf das, was dahinter geschah. Es herrschte eine wohlbehütete Stimmung, und das vermittelte mir das Gefühl, an diesem Ort aufgehoben zu sein. Ein Ort, an dem ich verstanden und aufgefangen würde, wenn ich fiele und an dem mir grenzenloses Verständnis entgegengebracht würde.
Ich wurde gebeten, in einem großen Raum im Schneidersitz auf einem festen, hohen Kissen Platz zu nehmen. Schweigend gab man mir ein schwarzes Reiskorn. Ein Gong forderte zu absoluter Ruhe auf: die Meditation begann.
Von da an saß ich zwei Stunden in derselben Position, richtete den Blick konsequent auf das Reiskorn, das vor mir am Boden lag, bis alles um mich herum verschwamm und schließlich schwarz wurde. Ich nahm die Rede des sogenannten erleuchteten Meisters wie durch einen Schleier wahr. Während dieser hundertzwanzig Minuten ging mir so einiges durch den Kopf. Wie auf einer Autobahn jagte ein Gedanke den nächsten. Ich versuchte, jedes Mal aufs Neue, sie wegzuschicken und den Kopf zu leeren, wollte diesen Zustand der absoluten Gedankenfreiheit erreichen, musste aber feststellen,

dass ich noch einen langen Weg vor mir hatte. Meine Füße, Beine und Rückenpartie begannen zu schmerzen, was der Sitzposition geschuldet war.

Trotzdem praktizierte ich diese Form der Meditation noch einige Monate weiter und integrierte sie in meinen Alltag in abgeschwächter Form, angepasst an meinen Tagesablauf.

Mir hilft die Meditation beim Einschlafen. Etwa fünfzehn Minuten lang lasse ich meinen Gedanken freien Lauf und sortiere: Welche Gedanken nützen mir etwas, und welche nicht? Die Gedanken, die mich kurz vor dem Schlaf bestimmen, wirken sich unter anderem auch auf die Qualität des Schlafes aus. Aus diesem Grund vermeide ich es, meine Gedanken mit Filmen brutalen Inhalts oder mit den Nachrichten zu belasten.

Warum machen wir uns auf den Weg? Manche in jungen Jahren, manche erst sehr viel später? Ich habe viel darüber nachgedacht. Ist es nicht besser, bewusst durchs Leben zu gehen, als es in einem unbewussten Zustand verstreichen zu lassen? Der Jakobsweg hat mich auf mich selbst zurückgeworfen. Ich habe gelernt, auf mein Gespür zu vertrauen und ihm zu folgen. Heute nehme ich früher eine Richtungsänderung vor, wenn ich mich nicht mehr wohl fühle, auch wenn das Kraft kostet. Ich bin aufmerksamer geworden, was meine Bedürfnisse angeht.

Nach dreiundzwanzig Kilometern lege ich eine Rast ein. Das Thermometer klettert auf über dreißig Grad Celsius, die Luft ist trocken, der Wind weht die Straße entlang und trägt die Wärme durch das Land.

Ab und an läuft ein vereinzelter Pilger vorbei: „Buen Camino", dann wieder eine ganze Gruppe, die sich gleichzeitig aus einem Café gelöst haben muss, danach herrscht wieder die ersehnte Ruhe. Nur ich, der staubige Weg und die endlose Weite. Die Luft über dem Asphalt flimmert in der Ferne. Ich sitze da, genieße jeden Atemzug und lasse mich lächelnd zurück in das dichte Gras fallen.

Das Gefühl von Unabhängigkeit bedeutet mir viel. So müssen sich die Menschen fühlen, die mit Motorrad und Alukoffer die Route 66 Richtung Westen fahren. Oft kann ich mich dennoch nur schwer fallenlassen oder loslassen. In der Herberge ankommen, wann ich möchte, meinen Gedanken nachgehen, meinen Tag so gestalten, wie ich es für richtig halte – das fällt mir schwer. Ich weiß nicht, ob es etwas mit Selbstbewusstsein oder Eigenständigkeit zu tun hat, aber das ist mir gerade auch irgendwie egal. Ich raste und danke für den heutigen Tag, und ich bitte darum, dass der Weg mich Stück für Stück näher an mich herantragen möge.

Ich stecke mir ein Ziel, und auf dem Weg zum Ziel stelle ich fest, dass manche Entscheidungen, die ich treffe, doch gar nicht zu diesem Ziel führen, im Gegenteil, sie laufen in eine völlig andere Richtung. Aber oft ist der Weg zum Ziel nicht gerade und vorhersehbar. Um den Führerschein zu bekommen, muss ich erst zur Schule gehen, Mathematik und Englisch lernen, danach Geld

verdienen, um anschließend für den Führerschein bezahlen zu können. Zumindest ist das der klassische Weg. Aber welchen Job ich ergreife, das weiß ich selten.
Es gibt Menschen, die bereits in ihrem siebten Lebensjahr wissen, womit sie ihr Geld verdienen möchten, und sie können sich nichts anderes mehr vorstellen. Ich dagegen habe so viele Wünsche, dass ich mich schwer an einen Beruf binden kann. Lediglich ein roter Faden zieht sich durch mein Leben: die Natur.
Ich interessiere mich für Pflanzen, für ganzheitliche Dinge, liebe mein derzeitiges Berufsleben als Landschaftsgärtner und Buchautor.
Beide Lebenswege bewundere ich, denn beide haben ihre Reize und bringen auf ihre Art und Weise dem Menschen die gewünschte Erfüllung. Nicht alle gehen den geraden Weg, jeder entfaltet sich auf seine Weise.
Glaube ich wirklich an meine Visionen und an meine Fähigkeiten? Wenn ich glaube, dass ich sie verwirklichen kann, werde ich meine Ziele erreichen. Auch dann, wenn es mal so scheint, als wäre ich vom Weg abgekommen. Solange ich mich wohl fühle, bin ich auf der richtigen Spur.
Von außen mag das manchmal aussehen, als wählte ich immer den Weg des geringsten Widerstandes, der immerwährenden Behaglichkeit. Und ist das nicht sinnvoll? Denn tue ich etwas, das mir nicht entspricht, baut sich Widerstand in mir auf und der Weg wird schwer. Es ist anfangs nicht leicht, diese Haltung einzunehmen. Zweifel, die Trauer und das Tal der Tränen gehören zum Weg dazu. Für diesen Weg kann es hilfreich sein, mich

nicht unter Druck zu setzen und den Dingen freien Lauf zu lassen. Wie sonst könnte ich mich noch überraschen lassen, wenn ich zu fokussiert wäre und den Blick für die Neben- und Seitenwege nicht mehr hätte?

Durch Terradillos laufe ich mit Konstanze. Wir suchen die Herberge *Los Templarios* und finden sie dann auch bald am Ortseingang. Sie sieht schick aus und ist ziemlich groß. Draußen ist es windig und sehr kalt, deshalb entscheiden wir uns, hier die nächste Nacht zu verbringen.
Ich lege mich auf mein Bett und schreibe in mein Tagebuch. Aus dem Augenwinkel beobachte ich Stefan. Er steht, den Kopf auf die Hände gestützt, an Konstanzes Doppelstockbett, schaut sie erwartungsvoll an und spricht mit ihr. Es ist lustig, ihm dabei zuzusehen, da er sie mehr anschaut als spricht. Ich lächle in mich hinein.
Wir sind an einem Ort, der für einen eindrucksvollen Sonnenuntergang bekannt ist. Die Kulisse dafür bilden gestapelte Strohballen und die sich scheinbar endlos nach Westen ausdehnenden Felder.

Achtzehnte Etappe: Von Terradillos de los Templarios nach Bercianos del Real Camino
Kein Gesprächsbedarf

An diesem Morgen laufe ich zusammen mit Konstanze, Stefan und Dominic los. Der Nebel liegt noch träge auf den Feldern. Der Heuballen, an dem ich gestern saß und den feuerroten Sonnenuntergang beobachtete, ist nur

schemenhaft zu erkennen. Die aufgehende Sonne im Osten ist als kreisrunde Scheibe in den weißen, tiefhängenden Wolken am Ende der weitläufigen Felder zu sehen. Während knapp über dem Boden der dichte Nebel schwebt, leuchtet über uns bereits der strahlend blaue Morgenhimmel und verspricht einen schönen Tag. Meine Füße schmerzen, genauer genommen der linke Fuß. Ich kann nicht richtig auftreten.
Heute verläuft der Weg zum Glück schnurgerade und eben. Ich habe keine Muße, mit irgendjemandem ein Gespräch zu führen und sehe zu, dass ich die ersten Stunden des Tages für mich habe.

Woher kommt dieser Wunsch, dass ich zuweilen jemanden um mich herum haben will, dann aber doch keine Lust habe, zu kommunizieren? Vielleicht ist es die Angst, etwas zu verpassen?

Ich kehre heute mit den anderen in eine alte Herberge ein, die zu einem beachtlichen Teil aus Lehm, Stroh und Ziegelsteinen besteht. Im ersten Stock befindet sich ein großer Raum mit etwa zwanzig Liegen. An diesen Raum grenzt ein Flur mit kleinen Zimmern.
Das Abendessen zusammen mit Menschen aus sämtlichen Ländern ist etwas so Bereicherndes! Ich habe heute viel mit Sandra und Konstanze geredet und bin während der Gespräche so langsam aber sicher darauf gekommen, warum es mir so schwerfällt, alleine zu sein.

Dieses Zurückschrecken vor dem Alleinsein trage ich permanent mit mir herum, auch wenn es sich oft nur ganz unterschwellig bemerkbar macht. Aber es ist da, und das gefällt mir gar nicht. Zumindest sollte ich mich darin üben, alleine zu sein, um die Angst davor zu verlieren.

Mich stört diese Abhängigkeit - nur zufrieden zu sein, wenn jemand da ist, der mich in meinem Tun bestätigt. Vielleicht kann ich das selbst noch nicht. Ich sollte lernen, mich selbst zu lieben, mir zu genügen und auf mich selbst zu vertrauen, wenn niemand da ist. Letztendlich ist man immer alleine auf der Welt und muss für sich selbst Verantwortung übernehmen.

Noch schüchtert mich diese große Aufgabe ein, aber es ist auch beruhigend, dass ich nun mehr Gewissheit habe. Ich verstehe meine Ängste, Sorgen und selbstverletzenden Verhaltensweisen als Auffor- derungen, an mir selbst zu wachsen. Sie sind da, damit ich mich besser verstehen lerne. Vielleicht gehören sie zum Menschsein auch einfach dazu?

Was ist dieses Alleinsein überhaupt? Ich habe in der Hochschule für einen Kurs eine Statistik angefertigt und dafür etwa fünfzig Personen gefragt, warum ihrer Meinung nach eine große Zahl von Paaren ihre Beziehung aufrechterhält, obwohl sie einander nicht mehr lieben. Die Antwort war ernüchternd: Über die Hälfte der Befragten führte dieses Verhalten auf die Angst vor dem Alleinsein zurück. Weniger aus dem Anlass heraus, sich wieder auf die Suche zu begeben und die oder den Richtigen zu finden, sondern vielmehr um eben nicht alleine

sein zu müssen. Ist das wirklich so?, fragte ich mich. Ich war sprachlos, dass so viele das gleiche dachten, obwohl ich schon geahnt hatte, dass einige diese Aussage treffen würden.
Aber was heißt es nun überhaupt, alleine zu sein?
Ich denke, das gezielte Alleinsein ist vielmehr eine Zeit, die ich mir des Öfteren nehmen sollte, um Ruhe zu finden und mich vom Alltag zu erholen. Ich muss täglich so viele Eindrücke verarbeiten, Leistung abliefern, Beziehungen zu anderen pflegen. Wo bleibt dann noch Zeit für die Beziehung zu mir selbst? Habe ich dann einen Moment Ruhe, fühle ich mich nicht gut - vielleicht, weil mich das schlechte Gewissen plagt, die Ungewissheit, ob es okay ist, auch mal ein paar Minuten oder Tage im Monat nur an mich selbst zu denken?

Erst spät am Tag stelle ich fest, dass er wunderbar war. Ich habe viel gelernt und vielleicht auch auf die eine oder andere Frage eine Antwort gefunden. Ich sollte den Tag nicht vor dem Abend loben, oder in diesem Fall: ihn nicht vor dem Abend beurteilen.

Eigentlich muss ich doch nur das tun, was ich für mich selbst als das Beste erachten. Um mich selbst zu lieben, muss Innen und Außen harmonisieren, statt die eigenen Wünsche und das eigene Verlangen für das vermeindliche Wohlergehen anderer zu unterdrücken. Wenn ich mich nicht für mich selbst interessiere, warum sollte das dann jemand anderes tun? Eines sollte ich mir vor Au-

gen führen: Auf der Reise zu mir, bin ich auf mich selbst gestellt.

Neunzehnte Etappe: Von Bercianos del Real Camino nach Mansilla de las Mulas
Bewusstsein

Die Herberge lasse ich in aller Frühe hinter mir. Ich laufe entlang eines großen Tümpels, der abertausende Frösche und Kröten zu beherbergen scheint. Die aus dem Wasser dringende Geräuschkulisse klingt furios, als würde alles, was darin landet, für immer verschwinden. Ich starte entlang eines scheinbar nicht enden wollenden Weges parallel zur eher weniger befahrenen Straße nach Mansilla de las Mulas.

Wenn ich mich immer darauf konzentriere, was mir noch fehlt, werde ich schwer erkennen, was ich schon habe.
Das ist ein schöner Spruch, und er ist nur zu wahr. Meine Zeit auf dem blauen Planeten ist es allemal wert, mich auch auf die schönen Dinge zu konzentrieren. Möglicherweise vereinfacht es mein Leben.
Es mag abgedroschen klingen, aber es gehört auch dazu, auf das Leben zu hören. Was sagt es mir, und wo will es mich hinführen? Das bedeutet, dem eigenen Gespür zu folgen, mancher mag auch sagen: „Hör auf Dein Herz."
Wie ich bereits erwähnte, erscheinen mir manche Dinge nicht sinnvoll auf dem Weg zu meinem Ziel.
Die Kompassnadel scheint in eine völlig andere Richtung zu zeigen. Jedoch: Auch ein Abstecher auf die Sei-

ten- und Nebenwege kann mich erfüllen. Das Abweichen von der geplanten Wegstrecke kann sich als Bereicherung entpuppen. So bin ich beispielsweise schon lange nur noch auf der Landstraße unterwegs, wenn ich mit dem Auto fahre und vermeide das monotone Fahren auf der Autobahn.

Es bleibt natürlich eine Frage der Priorität: Will ich einfach nur schnell von A nach B? Geht es mir vielleicht darum, fokussiert zu bleiben und eine Sache konsequent zum Abschluss zu bringen?

Manchmal entscheide ich mich bewusst für den offensichtlich komplizierteren Weg, auch wenn er von vornherein schwerer und voller Hindernisse zu sein scheint. Ich liebe Herausforderungen und freue mich bei Erreichen meines Ziels, die Hürden gemeistert zu haben.

Für welche Variante ich mich auch entscheide, ich sollte bei Erreichen des Ziels genau hinsehen. Freue ich mich nur darüber, dass ich etwas erreicht oder abgeschlossen habe, oder freue ich mich auch über die Sache selbst? Ersteres führt zu einem kurzen Aufflackern von Glück, letzteres aber überdauert den Moment und wirkt sich wahrscheinlich langfristig auf mein Leben aus. Bewusstsein ist das Schlüsselwort, mit dem ich eine Menge erreichen kann. Ich sollte ein Bewusstsein dafür entwickeln, was mir beispielsweise ein anderer Mensch bedeutet. Das gilt auch für viele weitere Lebensbereiche, seien es meine materiellen Besitztümer, Karriere oder die Aktivitäten, durch die ich mich selbst verwirklichen will.

Solange ich Dinge ganz bewusst tue, tue ich sie mit Hingabe und aus innerer Überzeugung. Ohne Bewusstsein kann ich auch mit jemandem Zeit verbringen, den ich nicht mag, denn dann ist es mir mehr oder weniger egal, wer er ist. Bewusstsein führt mir kontinuierlich vor Augen, was ich habe und wie ich dazu stehe. Ich kenne eine Handvoll Menschen, die schon wussten, was für sie gut ist und was nicht, als sie noch wesentlich jünger waren als ich. Die Menschen sind unterschiedlich und jeder braucht seine Zeit, um sich zu entwickeln, ein jeder blickt auf eine andere Vergangenheit zurück und bringt unterschiedliche Voraussetzungen mit.

In Mansilla de las Mulas angekommen, kehren wir in die Alberque Amigo del Peregrinos ein. Durch einen Patio, geschmückt mit unzähligen, in Töpfe gepflanzte Pelargonien, führt der Eingang zu den Zimmern.

Zwanzigste Etappe: Von Mansilla de las Mulas nach León
Entscheidungen

Heute Morgen laufe ich bis nach Puente de Villarente und nehme anschließend den Bus nach León. Clemens und Sandra fliegen heute endgültig nach Hause, ihr Weg endet hier, dieses Mal ist es definitiv.
In León frühstücken wir noch zusammen und beziehen unsere Betten in der Herberge. Der Tag verläuft ruhig, ich bin sehr müde. Ich sehe mir gemeinsam mit den anderen die Kathedrale an und gehe einen Kaffee trinken. Hier und jetzt, in diesem Moment, könnte ich einfach

nur aus den Schuhen kippen und schlafen. Mir geht vieles durch den Kopf. Mit jedem weiteren Tag werde ich müder und stiller. Nach dem Duschen begegne ich im Schlafraum einem ehemaligen Zimmergenossen aus Bercianos del Real Camino. Ich unterhalte mich kurz mit ihm. Als ich ihm erzähle, dass ich es besser fand, mit dem Bus zu fahren, als durch das Industriegebiet an der Schnellstraße entlang zu laufen, sagt er: „Auch das gehört dazu. Denk mal darüber nach." Und das war's auch schon, mehr braucht es nicht, um mich zu verunsichern. Ich erstarre und fühle mich wie gelähmt, im Kopf und im Körper. Er sieht mir noch ein paar Sekunden in die Augen und verlässt dann wortlos den Raum. Ich stehe noch eine Weile wie angewurzelt da und lasse mich kurz darauf auf meine Liege fallen. Ich stütze das Gesicht in die Hände und grübele vor mich hin. *Wie kann er mich so schnell aus dem Konzept bringen?* Bis vor wenigen Minuten war ich noch davon überzeugt, das Richtige getan zu haben. Es ärgert mich, dass ich mich so irritieren lasse. Ich hatte doch meine Gründe dafür, den Bus zu nehmen statt zu Fuß am Flughafen entlangzulaufen. Auf eine eindringliche Art und Weise, die mir sofort in die Knochen fuhr, hatte er mich angesehen, als wollte er mir mitteilen, dass ich einiges zu überdenken hätte. Ich liege da, starre die Zimmerdecke an. Es ist einer der Momente, in denen ich mir jemanden her wünsche, der mir sagt, dass alles okay ist. *Toni, du hast doch deinen eigenen Kopf und hast deine Gründe, warum du dich so entschieden hast!*, fluche ich in mich hinein.

Ich verurteile mich sofort dafür. Das sollte ich dringend ändern! Es gibt keine falschen Entscheidungen. Ich habe mich einfach anders entschieden, als er es getan hätte. Ich beruhige mich langsam wieder und gehe zum Abendessen. Zurück in der Herberge geht es mir mental wieder schlechter. Mehr noch, ich bin am Boden zerstört. Ich bin müde und will nur noch schlafen. Meine Großmutter hat am Telefon gesagt, dass sie und mein Großvater jeden meiner Tage auf dem *Camino* anhand einer Karte nachverfolgen und sie sich darüber freuen, wie ich diese Herausforderung meistere. Der Gedanke daran hebt meine Stimmung wieder ein bisschen.
Um viertel nach neun findet eine kurze Messe im Nebengebäude statt. Nonnen erteilen allen Anwesenden den Pilger-Segen, auf dass wir auf unserem Weg stets behütet sind und auch in schweren Zeiten genügend Kraft finden, um weiterzugehen. Die Worte geben mir unglaublich viel Kraft. In solchen Momenten könnte ich in Tränen ausbrechen. Freude und Leid liegen so nah beieinander.

Einundzwanzigste Etappe: Von León nach Villar de Mazarife
Ich erlebe jede Minute, denn jede Minute gehört mir

Konstanze und ich philosophieren seit einigen Tagen darüber, was der Weg nach Santiago für uns darstellen könnte.
Der *Camino de Santiago* ist ein Weg, der uns lehrt, zu weinen, zu lachen, zu zweifeln, kritisch zu sein, mit un-

serer Furcht umzugehen, zu fühlen, zu träumen, zu leben, auf Menschen zuzugehen, zuallererst auf mich selbst.

Der Weg öffnet mir das Herz, auch wenn es sich ab und an wieder verschließt und schmerzt. Es kann ein erst kraftraubender dann Kraft spendender Weg sein.

Ich erlebe all das mal alleine, mal gemeinsam, mit jungen Menschen und mit Älteren. Diese Erfahrung ist einfach toll und einzigartig.

Selbst wenn nichts passiert, bin ich am Abend erfüllt, obwohl ich erschöpft bin. Es klingt widersprüchlich, lässt sich aber anders kaum erklären. Nur wer den Weg selbst geht, kann es verstehen.

Später sitze ich auf einer von der Abendsonne erwärmten Steinbank unter einem schönen spanischen Baum und schreibe. Ich bin kurz vor Villar de Mazarife, wo wir heute Nacht bleiben werden. „Und wir schlafen im Freien, wie geil ist das denn?!", brabbele ich vor mich hin. Die Herberge, in die wir einkehren, ist aufgebaut wie ein Patio. In der Mitte des Hauses befindet sich ein Innenhof mit einem Beet und Wasserspielen. Der Hof ähnelt einem Schwimmbad, vieles ist mit kleinen, bunten Mosaiken gefliest.

Als ich den Blick durch das Gebäude schweifen lasse, erkenne ich an den Wänden hunderte Zeichnungen, Sprüche, Lebensweisheiten und Gedichte. Manchmal sind sie anderen Menschen gewidmet. Vielen Dank, dass ihr diese Worte geteilt habt, liebe Verfasser.

Ich gehe meinen Weg

Wenn ich alleine gehe, weg von Gedanken. Lebe ich mein Leben und wähle meinen eigenen Weg, dann werde ich manchmal alleine sein. Wenn ich meinen Weg gehe, sollte ich mich nicht verurteilen, nicht traurig sein. Sollte nicht versuchen, Dinge zu ändern, die ich nicht ändern kann. Wenn ich einen Weg gewählt habe, und denke, es ist der falsche, sollte ich fühlen! Mein Kopf sagt mir nur, was er denkt. Er sieht nur die Spitze des Eisberges: das Logische. Wenn ich meinen Weg gehe, sollte ich glücklich darüber sein. Ich fühle die Freiheit.
Ich kann jede Minute erleben, weil jede Minute mir gehört.

29.05.2009

Der heutige Tag gibt mir wieder Kraft. Der Weg von León bis Villar de Mazarife ist wie im Fluge vergangen, und schon stehe ich unter der Dusche in dieser wunderschönen Herberge.

Zweiundzwanzigste Etappe: Von Villar de Mazarife nach Astorga
Ungünstiger Moment

Der Tag heute ist heiß, nirgendwo Schatten, und nach ein paar Kilometern suche ich dringend eine Toilette. Ich eile an Pappeln vorbei, deren Samen vom Wind über die Wege getragen werden, und kann dieses Schauspiel

nur im Vorbeimarschieren kurz einfangen. Schließlich kann ich doch nicht mehr und muss hinter die nächste Baumgruppe und einen kleinen Abhang hinunter. Wie unangenehm mir das ist! Auf den Schreck gibt es erst mal Frühstück, dann geht es weiter entlang der Bahnschienen nach Astorga, eine Stadt, die durch den Bischofspalast von Antoni Gaudí bekannt wurde. Der *Park Güell* in Barcelona zählt ebenso zu den groß- artigen Bauwerken zu seiner Zeit.
Zweiunddreißig Kilometer sind es heute insgesamt, und ich sollte darauf achten, ausreichend Wasser mitzunehmen, denn bis Astorga gibt es kaum welches.
Unterwegs versuche ich mich darin, Makroaufnahmen von der Natur zu machen. Sie sind richtig gut geworden. Der Schmetterling und die winzig kleinen Blumen sehen toll aus, wenn man sie um das zehnfache vergrößert.
Unsere Herberge für die Nacht liegt am Rand der Stadt, nahe einer Anhöhe. Unweit der heutigen Unterkunft befindet sich eine Kirche. Auch wenn ich heute nicht mehr richtig laufen kann, möchte ich mir dennoch den Palast ansehen, den Gaudí entworfen hat.
Der Baustil ist einfach toll und sehr aufwendig umgesetzt. Die Bögen bestehen aus handgefertigten Steinen, die an und um die Säulen herum angeordnet sind. Ein wohliges Gefühl fährt durch mich hindurch, als ich die einzelnen Räume begehe. Ich spüre zunehmend mehr, wenn ich lange abseits der Zivilisation unterwegs bin. Oder bilde ich mir das nur ein? Ich glaube, mit ein wenig Übung lässt sich so einiges entdecken, was mit bloßem Auge nicht sichtbar ist.

Der Abend verläuft sehr ruhig, und ich kann mich entspannen. Später liege ich im Bett und schreibe. Gute Nacht! Morgen werde ich schon das *Cruz de Ferro* erreichen - das *Eiserne Kreuz*. Wie schnell doch die Zeit vergeht ...

Dreiundzwanzigste Etappe: Von Astorga nach Foncebadón
Eigene Grenzen überdenken

Die Erfahrungen, die ich auf dem *Camino* mache, wenn ich alleine laufe, prägen sich ein wie ein Muster, das in Stein gemeißelt wurde. Bis heute kann ich mich an jede noch so unwesentliche Situation erinnern. An diesem Morgen bin ich der letzte, der aufsteht. Erst um halb sieben finde ich aus dem Bett heraus und frühstücke. Dominic ist bereits vor einer halben Stunde aufgebrochen. Wahrscheinlich braucht er heute seine Ruhe.
Ich bin beschwingt, laufe anfangs eine ganze Weile mit Konstanze. Wir unterhalten uns aufs Neue sehr angeregt. Sie erzählt mir viel von ihrer Familie, wie sie lebt, was ihre Wünsche und ihre Ziele sind. Konstanze ist eine fantastische Gesprächspartnerin. Sie versteht jeden Zusammenhang und jeden Gedanken, den ich ihr mitteile, sei er auch noch so komplex. Ich denke es ist eine Gabe, sich konsequent Dingen zu öffnen, die man nicht kennt oder von denen man bisher nicht gehört hat. Diese Fähigkeit hat sie definitiv. In kurzer Zeit habe ich tiefes Vertrauen in sie gefasst, sodass ich mich ihr öffne und sie an meinen Gedanken teilhaben lasse. Ob ich ihr von

Dingen erzähle, die mich verwirren oder von meinen Gefühlen - nie reagiert sie skeptisch oder weist mich zurück. Sie hakt so lange nach, bis sie versteht, was ich meine. Sie ist ganz bei mir, wenn wir uns unterhalten.

Nichts ist unmöglich, besonders in meinen Gedanken. Sie geben mir die Möglichkeit, von der Zukunft zu träumen, eine zukünftige Wahrheit zu erschaffen. Wie könnte es sein? Die Grenzen, an die ich in Gedanken stoße, sind meist auch die Grenzen, die ich mir im Leben setzen.

Ich sitze in der nächsten Herberge und schreibe, was mich den Tag über beschäftigt hat. Der alte Ort Foncebadón liegt einige Kilometer vor dem *Cruz de Ferro* und zählt nur eine Handvoll Einwohner. Mitte des 20. Jahrhunderts ging die Einwohnerzahl aufgrund von Landflucht sogar auf Null zurück, das hatte ich zuvor schon in meinem Tagebuch vermutet. Ich habe das Gefühl, dass ich Orten anmerken kann, was ihnen zugestoßen ist, wie auch Gebäuden. Aber das erwähnte ich ja bereits.
Ich werde hier mit den anderen Pilgern rasten. Dann erreiche ich eben erst morgen das Eiserne Kreuz. Es ist ein wesentlicher Höhepunkt auf dem Camino. Wir schlafen zu sechst in der Kirche auf dem Boden und sind froh darüber, uns so entschieden zu haben. Hinter uns befindet sich, getrennt durch eine mobile Schiebewand, der Altar. Wie oft wird es vorkommen, dass ich in einem solchen Gebäude auf blauen Sportmatten im

Schlafsack schlafe? Ich bin sehr glücklich und dankbar für diese prägenden Erlebnisse.

Die Sonne brennt heiß auf ausgetrockneten Boden. Ich bin schon ganz braun geworden. Vor mir türmen sich in der Ferne große, dunkle Wolken über den Bergen auf. Noch glaube ich nicht an einen Wetterumschwung, nicht bei dem derzeit herrschenden Klima. Ich kann fast fünfzig Kilometer weit sehen, so klar ist es.

In Foncebadón angekommen, stehen teilweise nur noch die Grundmauern aus Naturstein, manche höher, manche tiefer. Zum Teil sind die Wände in sich zusammengebrochen und nach innen umgestürzt. Napoleons Truppen werden sie wohl nicht zerstört haben. *Die Zeit führt alles wieder dahin zurück, wo es einmal hergekommen ist*, denke ich. Schon haben Bäume ihre Wurzeln in den Boden der begrünten Räume gegraben, Gräser und Mauerblümchen zieren die Fugen der alten Fassade.

Trotz des Verfalls strahlt der Ort eine positive Präsenz aus. Er liegt direkt am *Camino*. Man könnte ein Café in die alten Ruinen bauen oder einfach Stühle und Tische aufstellen, als Erholungsort für Pilger und andere Reisende. Schlafen unter freiem Himmel, umgeben von altem Gemäuer, die Milchstraße als Zimmerdecke, das muss herrlich sein. So viele Ideen! Wie schön es wäre, wenn etwas davon umgesetzt würde.

Wir kehren in der Kirche des Ortes ein. Nach einem wunderbaren Essen im Nebengelass, welches der Herbergsbetreuer selbst gekocht hat, gehen wir noch ein Glas Wein trinken.

Was ist das für ein Lebensgefühl! Die warme Luft, Zwanglosigkeit, Ruhe und ein Glas Rebensaft, dazu diese Weite und liebgewonnene Menschen. Ich kann mir in diesem Moment nicht vorstellen, an einem anderen Ort zu sein. Ab und an höre ich das Zirpen der Grillen. Schritt für Schritt laufen wir durch den Ort und genießen die Zeit.

Ich kann über das Gebiet des ehemaligen Königreiches León bis zum Horizont sehen. Es ist fantastisch, und ich realisiere wieder einmal, was ich hier tue und was ich erhalte: viele kleine Lebensweisheiten, die mich bereichern, Menschen, die mir helfen, meinem Ich auf verschiedenste Arten und Weisen näher zu kommen. Wir unterhalten uns, und an diesem Abend geht es mir sehr nahe, weil ich weiß, dass es mir fehlen wird.

Morgen werde ich das *Cruz de Ferro* erreichen. Es ist Brauch, dass man seine Lasten und Sorgen in Form eines Steines, den man den Weg über getragen hat, am Kreuz auf dem Steinberg ablegt. Symbolisch soll man an diesem Punkt diese Sorgen und Lasten hinter sich lassen und einen neuen Weg einschlagen.

Ich muss das Licht löschen, die anderen wollen schlafen. Bis morgen. *Buenas noches!*

Vierundzwanzigste Etappe: Von Foncebadón nach Ponferrada
Die Zeit steht still, für einen Augenblick

Während ich die letzten zwei Kilometer zum Kreuz zurücklege, drehe ich mich auf halbem Wege um, und

plötzlich eröffnet sich mir ein atemberaubender Blick über die Region León. Am vergangenen Abend war es wohl schon zu dunkel, denn was ich sehe, ist noch überwältigender als das Panorama in Foncebadón. Ich bekomme eine Gänsehaut. Am Horizont geht die Sonne auf und taucht alles für ein paar Minuten in ein orangerotes Licht.
Dieser Moment gehört mir. Ich verharre in aller Stille. Um mich herum wird es ruhig, als hätte ich Watte in den Ohren, die sämtliche Geräusche der Außenwelt abwehrt. In mir spielt wieder mein Soundtrack. Ich halte diesen Moment fest und vergieße ein paar Tränen beim Anblick der Unglaublichkeit und Schönheit der Natur. Am Kreuz angekommen, lege ich meinen Stein auf dem Berg zu den anderen hunderttausenden Steinen. Jeder Pilger legt an diesem Punkt symbolisch seine Lasten ab, die er jetzt nicht mehr mit nach Santiago tragen will. Seien es emotionale Dinge wie Trennungen oder eben Gewohnheiten, die man gerne ablegen möchte. Was genau wir hier lassen, ist ganz uns selbst überlassen. Zusammen mit den anderen stehe ich auf dem kleinen Hügel, mache mir bewusst, was diese Wanderung für mich bedeutet. In Gänze kann ich es noch nicht erfassen.

Es ist nicht nur ein Weg, auf dem ich von A nach B laufe. Es ist ein Weg, den ich gehe, um mich von alten Mustern zu befreien, mich von mir selbst überraschen zu lassen und mir zu verzeihen, im Innen und im Außen zu prüfen, ob das, was ich denke und wünsche auch mit dem übereinstimmt, was ich tue.

Warum führe ich diese Momente der Einkehr im Alltag so selten selbst herbei? Oft ereilen sie mich unverhofft, und ich bin überrascht, weil ich vergessen habe, bewusst zu leben und in mich hineinzuhorchen.
Leider bleibt in einem überladenen Alltag selten die Zeit, um innezuhalten, damit ich zu mir selbst kommen kann. Vielleicht ist das auch einer der Gründe, warum ich in Beziehungen des Öfteren leide. Ich verliebe mich, vertraue und irgendwann höre ich auf, meinen Partner zu ehren, wertzuschätzen. Mich immer wieder zu ermutigen, bewusst zu leben, erfordert Geduld und den Willen, wirklich etwas ändern oder neu entdecken zu wollen.
Ich hebe den Kopf und blicke jedem für ein paar Sekunden in die Augen. Ich kann so unglaublich viele Gefühle und Gedanken erkennen. Ich sehe Trauer, Sehnsucht, Dankbarkeit, Liebe. Es ist nicht leicht, zu Papier zu bringen, was in solchen Momenten in den Menschen vorgeht, was in mir vorgeht. Diese Erfahrungen mit den anderen sind befreiend und geben mir Zuversicht.
Der Tag ist extrem heiß, und ich bin eigentlich ganz zufrieden. Trotzdem ist da immer noch etwas in mir, dass mich zurückhält, sodass ich eine innere Unruhe verspüre. *Aber das wird sich auch noch irgendwann ändern*, ermutige ich mich. Vielleicht brauche ich einfach Zeit, um über gewisse Dinge Klarheit zu erlangen, Zeit, um mich besser zu verstehen und mit mir selbst umgehen zu können.

Der Weg führt steil den Berg hinunter, tausend Höhenmeter geht es bergab bis nach Ponferrada. Mein linker

Fuß ist heute wie eine Sprungfeder, das macht mich glücklich, denn es lässt sich so viel leichter laufen.

Die Strecke ist wieder einmal wunderschön, und ich kann schon kurz nach dem *Cruz de Ferro* die Stadt im Tal sehen. In der Hitze sieht sie verschwommen aus, es flimmert wie auf heißem Asphalt. Bis zum heutigen Ziel sind es trotzdem noch einige Kilometer.

Irgendwann hole ich Stefan ein. Ich finde ihn sitzend auf einem mit Flechten bewuchertem Findling. Ihm ist nicht sehr wohl. „Sorry, Stefan, aber du siehst echt nicht gut aus!", sage ich. Er tut mir so leid. Ich bleibe bei ihm, bis er wieder einigermaßen stehen kann und gebe ihm noch etwas zu trinken. Die nächsten Kilometer laufe ich erst alleine, dann mit Dominic und Konstanze. Konstanze helfe ich dabei, ihre Blasen am Fuß zu verarzten, bevor es richtig steil nach unten geht. Vor einigen Tagen waren ihre Füße mit vielen kleinen Blasen versehrt, sodass ich ihr meine zwei Paar Wandersocken geschenkt habe.

Fünfundzwanzigste Etappe: Von Ponferrada nach Villafranca del Bierzo
Jeder Tag ist besonders

Die Herberge, in der wir die letzte Nacht verbracht haben, hatte sage und schreibe hundertachtzig Betten. Ich habe schlecht geschlafen und extrem schlechte Laune, will sie aber nicht an den anderen auslassen. So mache ich mich alleine auf den Weg und trage diesen Kampf

mit mir selbst aus. Ich komme an der Templerburg vorbei und laufe auf dem *Camino* durch die gesamte Stadt.
Die Pfade des Jakobsweges führen uns durch alle möglichen Landschaften - durch Wälder, Dörfer, größere Städte wie Burgos oder über weite, scheinbar nicht endende Felder.

Der Weg ist das Leben. Das Ziel ist der Weg durch eben dieses Leben. Ein ständiges, jedoch stetes und abwechslungsreiches Auf und Ab. Ich atme Abgase ein, kämpfe mich durch Schnee, stelle mich unter bei Regen und suche Schutz, wenn es stürmt. Es gibt gute und nicht so gute Tage. Aber wie Konstanze schon sagte: Ich sollte das Beste daraus machen. Aus allem. Denn das alles gehört zum Leben dazu.

Ich laufe durch malerische Städte, kleine historische Siedlungen, die einen ganz eigenen Charme versprühen und genieße den Ausblick über die Weinberge.
Auf dem Weg begegnet mir ein älterer Mann. Er wirkt vital, grinst, klopft mir auf die Schulter und sagt: „*¿Es muy caliente aqui hoy, verdad?*" Er sieht mir an, wie sehr ich unter der Hitze leide. Ich frage ihn, wie weit es noch bis nach Villafranca del Bierzo ist. Er strahlt über das gesamte braun gegerbte, von Falten überzogene Gesicht und sagt, dass es nicht mehr weit ist. Beruhigend deutet er in Richtung Westen. Ich gebe ihm die Hand, bedanke mich mit einem Augenzwinkern und gehe weiter.

Im Weinberg esse ich den Bocadillo mit Käse und Serrano-Schinken, den ich eigens belegt habe, und strecke mich eine Weile auf dem trockenen Gras aus.
Villafranca ist ein größeres Dorf, das einst ein besonderes Privileg besaß:
Hier war es früher möglich, kranken und müden Pilgern, die nicht weiter nach Santiago laufen konnten, an der sogenannten Gnadenpforte der *Iglesia de Santiago* Ablass zu gewähren, einer großen, schön gestalteten Kirche am Berghang.

Sechsundzwanzigste Etappe: Von Villafranca del Bierzo nach La Faba
Ich sehe sie überall

Der heutige Tag beginnt damit, dass ich verschlafe und mit Schmerzen im linken Fuß. Egal. Ich liebe es so sehr, nach dem Aufstehen Kaffee mit Milch und Zucker zuzubereiten, wenn der Morgen beginnt, und ich gut drauf bin, wenn mich keine Sorgen belasten. Ich akzeptiere das Ziepen im Fuß, und wir laufen gemeinsam los.
Zu Beginn führt der Weg entlang der Schnellstraße, ab und an macht er einen kleinen Schlenker und führt weg vom Verkehr. In einer der vielen Kurven kommt uns ein älterer, roter Golf mit vier jungen Spanierinnen und Spaniern entgegen, sie hupen wie wild und der Beifahrer brüllt aus dem Fenster: *„BUEN CAMINO, BUEN CAMINO!"* Zack, schon habe ich Gänsehaut am ganzen Körper und grinse bis über beide Ohren.

Das Gefühl, eins zu sein mit dem Weg und der Welt, macht mich glücklich. Ich laufe die gesamte Wegstrecke heute mit Konstanze. Es hat sich so etwas wie eine vertraute Pilgerfreundschaft entwickelt, eine Art Wanderalltag. Das hat etwas sehr vertrautes und freut mich jeden Tag aufs Neue.

Ich weiß, wie der kommende Tag ablaufen wird und erlebe trotzdem tagtäglich ungewöhnliche Überraschungen. Diese sind meistens zwischenmenschlicher Natur. Ich lerne immer mehr über mich, erfahre kleine Lebensgeschichten von anderen Pilgern und begegne in Gesprächen immer mehr mir selbst. Manchmal bin ich schon verwundert, worüber ich den ganzen Tag nachdenke, während ich so vor mich hin laufe.

Konstanze und ich unterhalten uns über Energien, die die Erde vernetzen, was der Weg für uns bedeutet und über meine Träume. Seit zwei Wochen begegnen mir im Traum und auch auf dem Weg immer wieder Pferde. Ob es nun die Zeichnung eines Einhorns an einer Hauswand ist, ob es die schwarzen Wildpferde in meinen Träumen oder jene in der freien Natur sind. Sie begegnen mir auf einmal unerwartet oft. Was hat das zu bedeuten? Oder ich nehme sie jetzt erst wahr. Aber warum nicht schon eher?

Abends treffen wir in der Herberge *Albergue para Peregrinos* in La Faba ein, die von deutschen Spenden wiederaufgebaut wurde. Oben auf dem Bergplateau, wo sie errichtet wurde, wirkt es fast, als befände man sich, obwohl man doch draußen ist, in einem abgeschlossenen Raum. Die Herberge ist umgeben von Bäumen, und nur von einem bestimmten Punkt aus öffnet sich der Blick ins Tal, aus dem ich aufgestiegen bin. Rechts neben der Unterkunft steht eine wiedererrichtete Kirche, die vor einigen Jahren durch ein Erdbeben zerstört worden war. Während sich die anderen eintragen, gehen Konstanze und ich in das kleine Dorf in der Nähe und kaufen Lebensmittel ein. Ich frage im Laden nach einem Telefon, um meine Familie anzurufen, aber sie haben keines, also suchen wir weiter. Oberhalb des Dreißig-Seelen-Dorfes stoßen wir auf eine weitere Herberge im Hippie-Stil. Davor sitzen zwei Männer, die nicht auf Konstanzes Frage nach einem Telefon reagieren und lieber weiter rauchen. Ignorieren, weitergehen.

Wir essen und gehen danach zur Messe. Das ist wohl die schönste und gleichzeitig eine sehr verwirrende Messe. Der Pastor bezieht alle Anwesenden mit ein. Zu Beginn zündet er eine Kerze an. Sie wird von Pilger zu Pilger gereicht, während jeder etwas zu seinem Weg sagt. Ich bleibe stumm, obwohl ich doch genau weiß, was ich sagen will: *Ich danke dafür, dass ich hier sein darf. Das ist nicht selbstverständlich. Für diese Erfahrungen, Einsichten, die Klarheit, für die Menschen auf dem Camino und für diejenigen, die mich in meinem bisherigen Leben unterstützt haben.*

Eine Sache ist mir dann sehr unangenehm: Uns werden in der Kirche die Füße gewaschen. Nach der Messe gehe ich anschließend ins Bett. Kurz zuvor erreiche ich meine Großmutter und meinen Vater doch noch via Telefon.

Siebenundzwanzigste Etappe: Von La Faba nach Triacastela
Mantra

Wie schon gestern führt der Weg heute kontinuierlich steil bergauf. Das Tagesziel ist Triacastela, die Drei-Burgen-Stadt. Ich lerne einen norwegischen Zungenbrecher über den Autor Ibsen, den Konstanze mir auf dem Weg beibringt: *Ibsens ripsbusker og andre buskevekster*. So schnell geht es, und schon kann ich Norwegisch sprechen, nun ja, zwar nicht gerade optimal für den alltäglichen Gebrauch, aber ein Anfang ist gemacht, und mich heitert der Zungenbrecher auf.
Stefan verteilt wortlos Liedtexte aus der Kirche von La Faba an uns, die er mitgenommen hat. Darauf ist ein Mantra geschrieben: *Om Tare Tuttare*. Wenn man es ganz oft hintereinander in einem monotonen Singsang vor sich hin murmelt, kann man scheinbar an nichts anderes mehr denken und wird innerlich ruhiger. Bei mir funktioniert das so gut wie das Experiment mit dem blauen Elefanten von Mentalist Thorsten Havener. „Denke nicht an den blauen Elefanten." Und an was muss man denken? Natürlich an den blauen Elefanten!
Wir kommen durch einen Ort, der eine mystische Ausstrahlung hat. Nebel zieht durch die Straßen, und ich erkenne nur die Umrisse der Steingebäude, die beleuchtet sind.
Es ist O Cebreiro, ein sehr wichtiger Ort am Jakobsweg. Das erneute Aufleben der Tradition, den Jakobsweg zu laufen, ging insbesondere von hier aus. Zudem beginnt

ab hier die Region Galicien, die von dem eher feuchten und milden Klima des Atlantiks geprägt ist. Im Zentrum stoßen wir auf Souvenirgeschäfte und vereinzelte Cafés. Wir verlassen den Ort bald wieder und folgen dem Weg nach Galicien, dem regenreicheren Teil Spaniens. Unterwegs entdecken wir einen sehr alten Esskastanienbaum. Konstanze und ich klettern hinauf und freuen uns wieder einmal über die Schönheit der Natur. In den Stamm wurden über die Zeit unzählige Gesichter und Fratzen geschnitzt.

Eine Herberge, an deren Name ich mich leider nicht mehr erinnern kann, bietet uns am frühen Nachmittag bereits ihre letzten Betten an. Haben wir ein Glück!

Achtundzwanzigste Etappe: Von Triacastela nach Aguiada (kurz vor Sarria)

Oft fällt es mir nicht leicht, Entscheidungen zu treffen, eben weil ich heute so viele Möglichkeiten habe, mich zu entfalten und weiterzubilden

Ich denke, ich lasse mich noch zu oft von Gedanken steuern, anstatt auf mein Herz zu hören.
Mir begegnen hier so viele wunderbare Menschen! Sie strahlen so viel Sicherheit aus, vermitteln mir innere Ruhe und geben mir Kraft, wenn ich sie nur ansehe. Es kommt mir vor, als würde ich mit einem Kabel an einer Steckdose hängen und merken, wie mein Akku Stück für Stück wieder aufgeladen wird. Von Triacastela bis zum Benediktinerkloster in Samos laufe ich unter ande-

rem zusammen mit Konstanze. Wir sind eine kleine Truppe und genießen die letzten Tage auf dem *Camino* gemeinsam. Am Abend werde ich innerlich so ruhig, wie ich es nie für möglich gehalten hätte.

Später befinde ich mich in einer Herberge in einem großen, wohnlich eingerichteten Zimmer, im Kamin brennt ein Feuer, das Holz knackt in den lodernden Flammen, und die Stimmung ist einfach nur beruhigend. Im Hintergrund läuft chillige Musik, und die Zeit bleibt stehen. Alles ist harmonisch.

Ich kann die Energie spüren, die in diesem Raum liegt. Niemand redet. In der Mitte des Raumes steht ein rustikaler, massiver Tisch aus fast schwarzem Eichenholz, ringsum Sofas in gedeckten Rottönen. Auf dem Tisch liegt ein Reiki-Lehrer. An Füßen, Kopf, Bauch und Hals stehen vier Personen, die mit geschlossenen Augen die Hände über ebendiese Stellen halten und ihm Energie senden. Sie berühren seinen Körper nicht.

Die Kraft, die um die Personen am Tisch schwebt und den Raum erfüllt, habe ich in den letzten Jahren vermisst. Wie geht so etwas? Dieser Moment hat so viel Frieden in sich, dass er mir surreal vorkommt - und doch existiert er.

Ich lasse den Moment auf mich wirken und sehe, dass ich damit nicht alleine bin. Alle Herbergsgäste stehen oder sitzen schweigend um den Tisch herum und wirken gerührt.

Passiert das alles einfach so, dass ich jetzt genau hier bin mit genau diesen Menschen? Wahrscheinlich würde ich des Öfteren die Antwort bekommen: „Ist Zufall.

Steigere dich da nicht so rein." Sehe ich die Menschen nur, weil es Zufall ist? Oder steckt dahinter nicht vielleicht eine Botschaft für mich? Vielleicht.
Sieh zu, dass du aus deinem Leben etwas machst, dass du in dir wächst und dadurch dir und anderen helfen kannst, sage ich mir. Der Abend in der Herberge macht mich so unglaublich reich.

Ich frage mich, wie ich lernen kann, mein eigenes Leben besser wahrzunehmen. Ich denke darüber nach, was früher war und was in Zukunft kommen wird und stelle fest, dass ich dabei nicht selten das Jetzt vergesse. Im Morgen bin ich noch nicht, und in der Vergangenheit bin ich bereits gewesen. Ich weiß, wer ich morgen sein will und weiß, wer ich war.
Um zu werden, wer ich sein will, nutze ich die Erfahrungen aus der Vergangenheit und setzen alles zusammen mit meinen Visionen für die Zukunft im Jetzt um. Nur so kann ich mein Leben ändern. Wenn ich nur an Morgen denke, entferne ich mich vom Jetzt und verhindere, dass ich vollends glücklich sein kann.
Ich habe bereits am Anfang des Buches erwähnt, dass ich meinen eigenen Weg gehen muss. Mit jeder Entscheidung, die ich treffe, ändere ich die Richtung, in die ich gehe. Habe ich erst eine Richtung gewählt, kann ich immer wieder entscheiden, ob mir der Weg gefällt oder ob ich meine Entscheidung revidieren will und einen neuen Weg einschlage. Wichtig ist, dass ich aufbreche und etwas tue. Von außen betrachtet mag das aussehen, als wüsste ich nicht, wohin ich unterwegs bin. Die Fra-

ge ist aber, ob ich mit einer Entscheidung, die ich irgendwann einmal getroffen habe, wirklich mein ganzes Leben lang leben muss. Nein! Es steht mir frei, andere Wege zu gehen. Auch nach der dritten Ehe kann ich mich erneut verlieben und heiraten, kann auch mit fünfzig den Beruf nochmal wechseln.
Darauf zu warten, dass das Schicksal alles richten und mir das Erwartete vorbeibringen wird wie der freundliche Pizzabote um die Ecke, wird nicht den Erfolg haben, den ich mir erhoffe.
Wenn ich mir die Freiheit nehme, nach meinen eigenen Vorstellungen und Wünschen zu leben und damit Erfolg habe, werde ich mit der Zeit immer vakanter in den eigenen Entscheidungen. Das ist ein wesentlicher Teil der Freiheit, die ich genießen kann. Auch wenn es manchmal so aussehen mag, als stünden mir äußere Umstände dabei im Wege, meine eigenen Entscheidungen zu treffen, ist es doch gerade diese Praxis, die mir innere Freiheit beschert. Diese Offenheit zu finden, ist ein Prozess, der ein Leben lang andauert.

Der Abend hat mich so beruhigt, dass die Nacht nur gut werden kann. Stefan und die anderen sind heute schon weiter nach Sarria gelaufen.
Konstanze, zwei weitere Pilger, mit denen wir des Öfteren unterwegs sind und ich sind in einer wunderschönen Herberge untergebracht. Fern vom Einrichtungsstil des Wohnzimmers sind die einzelnen Schlafzimmer mit IKEA-Möbeln ausgestattet und so angenehm, dass ich mich sofort wohl und heimisch fühle. Vielen Dank für

diesen Zufall. Einmal mehr haben wir die letzten freien Betten bekommen.

Neunundzwanzigste Etappe: Von Aguiada nach Ferreiros
Umstände entstehen durch mich selbst

Ich denke darüber nach, ob ich meine Umstände oder sie mich erschaffen. Ich bin der Überzeugung, dass ich mit einem bestimmten Umstand geboren werde und aufwachse.
Ich kann in eine wohlhabende Familie hineingeboren werden, wachse in einem liebevollen Umfeld auf oder muss schon in frühen Jahren auf eigenen Beinen stehen. Allen Umständen gemein ist, dass ich eben diese Umstände ab einem bestimmten Punkt in meinem Leben selbst in die Hand nehmen kann und somit meine Umstände selbst erschaffe.

Es regnet. Sarria liegt unmittelbar vor uns. Eigentlich will ich die nächste Nacht in Portomarin verbringen.
Wir laufen gemeinsam los und frühstücken in der Stadt. Fast eine Stunde sitzen wir zusammen, bis es bald zwölf Uhr ist. Seit einigen Tagen ist es mir nicht mehr so wichtig, in Santiago das Ziel des Weges zu erreichen. Ich habe mich an den Ablauf gewöhnt und würde gerne noch eine Weile weiterlaufen. Ich werfe meinen Ein-Euro-Poncho ein letztes Mal über, bevor er ausgedient hat. Sogar auf dem Weg über die windigen, verschneiten Pyrenäen hat er mich vor der Witterung geschützt.

Ich imprägniere nochmal meine Schuhe, und wir laufen los. Kurz vor Peruscallo ist es dann schon wieder an der Zeit, etwas zu essen. Letzte Nacht habe ich von dem Reiki–Erlebnis geträumt. Es hat mich nachhaltig beeindruckt. Innerhalb von dreißig Minuten war das Knie eines verletzten Pilgers wieder beweglich. Mag sein, dass der Heilungsprozess auch eine mentale Angelegenheit ist, warum auch nicht?

Ich denke, dass es sich mit dem Weg nach Santiago vielleicht so verhält wie mit meinem eigenen Lebensweg: Ich muss nur den Zeichen folgen, die mir gegeben werden. Manchmal muss ich ganz genau hinschauen, um sie zu erkennen, dann wieder erschlagen sie mich fast, wie der berühmte Wink mit dem Zaunpfahl. Jeder Pilger reagiert anders auf die Zeichen, die ihm auf dem Weg begegnen. Demnach können die Wege binnen weniger Sekunden in eine andere Richtung umschlagen.

Letzten Endes entscheidet jeder selbst, mit welcher Geschwindigkeit, Intensität, welchem Anlass, welchen Umwegen und welchem Ziel man die Strecke auf sich nehmen möchte. Natürlich kann ich mich auch auf dem Jakobsweg abhängig machen und nur nach dem Willen der anderen handeln. Aber das ist nicht Sinn und Zweck des (Lebens-)Weges. Bisher habe ich in vielen Lebensbereichen nach fremden Vorstellungen gehandelt, was sich im Nachhinein nicht immer als schlecht herausgestellt hat. Jedoch würde ich gerne wissen, wie es sich anfühlt, wenn ich nach eigener Façon handle.

Ich sehe Pferde, viele davon. In meinen Träumen und auch heute wieder wunderschöne auf freiem Feld, obwohl ich gar kein Pferdenarr bin.

Es regnet und regnet. Während mir warme Wassertropfen über das Gesicht rinnen und auf den Poncho tropfen, muss ich lachen. Ich fühle ein Glücksgefühl in mir, weil ich hier bin und ganz bei mir. Es macht geradezu abhängig, den Tag im Jetzt zu leben, statt ständig in die Vergangenheit oder die Zukunft zu blicken.

Heute Morgen ist mir aufgefallen, dass ich die Blasen an den Füßen eigentlich nur habe, weil ich zu Beginn meiner Wanderung zu faul war, die Schuhe auszuziehen, um die kleinen Steinchen herauszuholen, obwohl ich genau wusste, dass es nicht förderlich sein würde. Ein Laufkompagnon aus der Schweiz sagte mir in einer unserer Unterhaltungen, dass man doch mehr darauf achten sollte, wie man läuft. Dass man seinem Körper nicht vorsätzlich Schlechtes oder Ungutes antun sollte.

In der Herberge *Alberque de Peregrinos de Ferreiros* in Ferreiros finden wir noch in einer Halle auf Sportmatten Platz. Ein kleiner, mit Gas betriebener Heizstrahler muss zehn Paar durchnässte Schuhe bis morgen früh trocknen.

Es gibt Abendessen. Ich halte ein Blatt Salat mit fragwürdig gefärbtem Dressing über den Teller, bestaune es und sage: „Fischkacke ist schon was feines!" Ein Pilger antwortet prompt: „Mh ... ja ... ist ... deliziös!"

Ich lache Tränen, und die anderen lachen mit mir. „Oh, man!", sage ich. Wir stoßen auf die Fischkacke an und freuen uns. Keiner weiß genau, warum eigentlich. Um

Konstanze zu erklären, warum wir so lachen, sagen wir einfach: „Fischkacke." Der leicht norwegische Akzent beim Aussprechen dieses Wortes bringt auch die letzten am Tisch zum Lachen.

Mein Sitznachbar klopft mir mit Tränen in den Augen auf die Schulter und sagt: „Danke, Toni!" Er bestellt zudem aus Versehen Cerveza con leche, Bier mit Milch. Na dann Prost! Das Gesicht der Kellnerin ist unbezahlbar. Was für ein toller Abend!

Dreißigste Etappe: Von Ferreiros nach Airexe
Zeit ist relativ

Es nieselt bereits seit den frühen Morgenstunden. Auf dem Weg nach Airexe taucht entlang des Wegs, der aus grauem Schiefer besteht, linker Hand eine alte Scheune im Nebel auf. Ich blicke nach rechts. Neben mir steigt eine Weidewiese steil auf und verschwindet im kalten, alles verschlingenden Nebelmeer. Milliarden kleinster Wassertropfen setzen sich auf dem Gras, dem Dach und meiner Kleidung ab. Mit jedem Atemzug atme ich die frische, saubere Luft ein und spüre, wie sie meine Lunge füllt.

Aus dem geöffneten Tor der Scheune strahlt wie ein Heiligenschein Licht ins Freie auf die Aufsteller, die behangen sind mit Lederarmbändern, Hemden, Hosen, Schmuck und Tüchern. Ein älterer Herr verkauft sie. Ich bitte die anderen, kurz zu warten, damit ich mich in seinem kleinen Laden umsehen kann. Ich gehe durch die doppelflügelige Holztüre und atme sogleich den Duft

von Räucherstäbchen ein. Wo gibt es das nicht, dass handgefertigte Produkte verkauft werden und es nach arabischem Basar riecht? Ich sauge den Duft ein, kaufe mir ein großes Leinentuch und ein Silberherz, das aus Händen geformt ist, die ineinanderfassen.
In Portomarin gibt es Frühstück, und ich erstehe einen Stein im Souvenirladen nebenan, der für Kommunikation steht. Den Namen des Steines habe ich leider vergessen, aber reden kann ich ja.
Portomarin ist eine sehr alte Stadt, die zum Teil auf einen angrenzenden Berg versetzt wurde, weil das Tal, in dem es sich ehedem erstreckte, in den Sechzigerjahren für einen Stausee geflutet wurde. Heute wird die Talsperre im Zickzack von drei Brücken überspannt. Ich taufe den Ort stolz und unter Anwendung meines Spanisch–Halbwissens auf den Namen *Triapuente*, die Drei-Brücken-Stadt. Von Portomarin hatte ich mir mehr erhofft, die Stadt ist etwas trist. Aber möglicherweise liegt das auch an dem nebligen Wetter.
Heute sind es noch weniger als hundert Kilometer bis nach Santiago. Es ist für mich immer noch unbegreiflich, wie schnell die Zeit vergangen ist. Sie ist definitiv relativ!
Wir halten in einer Bar an, um Kaffee zu trinken und Eis zu essen. Draußen regnet es, und ich verspüre innere Ruhe, Zufriedenheit. Ich habe das Gefühl, dass mich nichts erschüttern kann. Ich tue das, wonach mir gerade ist. Esse Eis, lasse die Zeit einfach Zeit sein und schöpfe Stunde für Stunde Kraft, die ich regelrecht in mir speichere. Ich rufe meine Großmutter an und freue mich, sie

zu hören. Je näher wir Santiago kommen, desto mehr verändert sich etwas. Die Tage sind anders, anders schön. Wann immer wir in eine Herberge einkehren, haben sie noch genau vier Betten frei, manchmal sogar aufgeteilt auf zwei extra Räume.

Kurz bevor wir in Airexe ankommen, sehen wir zwei ältere Damen, wahrscheinlich Mutter und Tochter, die ihre Kühe vom Feld auf den Hof treiben. Es ist 18:00 Uhr. Die Euter sind gefüllt mit feinster Milch! *Die ist bestimmt lecker!* Ich bitte Konstanze, die beiden Damen nach Milch zu fragen. Eine der beiden Frauen sagt uns, dass sie gegen acht Uhr vor der Herberge sein kann, um sie uns zu bringen. Ich bin überglücklich, und weiß nicht einmal genau, warum.

Die Tage vergehen, und alles fügt sich. Jede Pause, jeder Gedanke und jedes Gespräch ergibt sich einfach, ganz ohne Plan, ohne Zwang.

In der Herberge angekommen, dusche ich, und wir bereiten gemeinsam Essen vor. Bis auf einige wenige andere Gäste sind wir alleine im Haus. Zum Glück gibt es auch eine Waschmaschine. Das Klima in der autonomen Gemeinschaft Galicien ist deutlich feuchter als in der Region León, was die Transpiration ankurbelt. Vor allem die Socken fasse ich nur noch mit spitzen Fingern an.

Wir bereiten Suppe zu, bestehend aus zwei Kartoffeln, einer Möhre, einem im Wald gefundenen Steinpilz und drei verschiedenen Brühwürfeln. Die Herbergsdame redet mit Konstanze und sagt, dass sie für uns noch ein paar *Ortigas*, also Brennnesseln für die Suppe sammeln kann. Das lassen wir uns nicht zweimal sagen, und gemeinsam mit der Frau pflücke ich zügig ein paar junge Blätter. Wir verstehen einander kein Bisschen, aber es genügt ein Lächeln, ein Nicken und schon ist man herzlich willkommen. Die Suppe ist trotz ihrer einfachen Zutaten sehr lecker. Mit Käse und Salami, Avocado und Apfel sowie Brot ist die Mahlzeit gelungen. On top gibt es noch frische, kalte Milch. Was für ein Genuss! Danke für diesen schönen Abend!

Einunddreißigste Etappe: Von Airexe nach Melide
Fünfzig Meter

Genächtigt habe ich zwischen einer geöffneten Tür und einem offenen Fenster. Ist das nicht die Position, in der man laut Feng-Shui so unruhig wie sonst nirgendwo schläft? Heute Morgen krähen ein Hahn und eine Henne um die Wette, alle drei Mal krähen sie synchron. Guten Morgen.
Es regnet. Aller Voraussicht nach werden wir heute nur ein kurzes Stück laufen und anschließend in einer Herberge einen ruhigen Abend verbringen.

Von innen nach außen. Es dauert nicht lange, bis ich verstehe, dass ich mich selbst finden muss, um mir selbst zu gefallen. Erst dann werden sich auch die Dinge um mich herum ändern. In der Umsetzung bedarf es stetiger Aufmerksamkeit, die Arbeit hört nicht auf. Immer wieder ändern sich meine Ansichten, Geschmack und meine Sicht auf die Welt. Ich ändere mich im Inne-

ren zu dem, was ich sein will und veränder somit meine Umwelt.

Das Einzige, was wir heute von halb neun am Morgen bis um halb eins am Mittag hinter uns gebracht haben, sind ganze fünfzig Meter Weg, die uns einmal quer über die Straße in das Restaurant des Sohnes der Herbergsbesitzerin geführt haben. *Café con leche, Café con leche, Café* … Frühstückszeit. Wir sitzen an einem kleinen Tisch neben dem Tresen, reden über alle möglichen Dinge, während der Tag draußen regnerisch beginnt. Wir schreiben Dominic zum Geburtstag eine
E-Mail: Happy Birthday, Dominic!

Zweiunddreißigste Etappe: Von Melide nach Arzúa
Geben und nehmen

Bis um zehn Uhr sitzen wir an diesem Morgen zusammen, essen und trinken. Anschließend laufe ich vorerst alleine bis Arzúa. Der Weg vergeht wie im Flug, die Zeit rennt. Ich genieße die Pinienhaine und Eukalyptuswälder, durch die der *Camino* mich führt. Das Einzige, was mir heute durch den Kopf geht, löst ein seltsames Gefühl in mir aus. Zunehmend wird dieses Gefühl stärker. Ich schaue auf mein Handy. Vielleicht finde ich ja da eine Antwort? Ich kann gerade nicht anders, als das Handy gleich wieder auszuschalten, es in meinem Rucksack zu verstauen und weiterzulaufen.
In Ribadiso, einem Vorort von Arzúa, lege ich in einem Café eine Pause ein und lasse mir, mal wieder, einen

Café con leche und einen frischen Orangensaft schmecken.

In Arzúa halte ich erneut. Während ich an der Straße vor dem Café in Gedanken versunken auf einem Stuhl verweile, setzt sich eine junge Frau zu mir und fragt mich, ob ich heute Nacht hier in der Herberge übernachte. Sie hat eine tolle Ausstrahlung und heißt Emilia. Schon beim ersten Raten lande ich einen Treffer: Sie stammt aus einer Stadt nahe Essen.

Am Hals trägt sie ein Tattoo. Es ist das hinduistische Symbol für „Om". Wir kehren schließlich zu fünft in einer Herberge namens *Via Lactea*, Milchstraße ein. Emilia ist begeisterte Sammlerin von Kräutern und Heilpflanzen, um sich ihre eigenen Tinkturen und Heilessenzen herzustellen.

Ich erfahre, dass sie ohne Geld unterwegs ist. Sie bietet anderen Pilgern Massagen oder ihre Tinkturen an. Als Gegenleistung wünscht sie sich dafür eine Unterkunft und eine Mahlzeit. Sie erkundigt sich, ob mir Reiki bekannt sei. Und ja, seit ein paar Tagen weiß ich davon. Das Essen war lecker und der Wein auch. Ich gehe schlafen. Gute Nacht und bis morgen, hoffentlich wieder mit Sonnenschein.

Dreiunddreißigste Etappe: Von Arzúa nach Arca
Sei nicht traurig, es war doch so schön

Hallo Welt, heute ist bereits der vorletzte Tag meiner Reise auf dem *Camino*. Die Zeit ist wie im Fluge vergangen, obwohl ich nun beinahe schon fünf Wochen un-

terwegs bin. Wenn ich zurückdenke, ist so viel passiert. Ich habe unzählige Menschen kennengelernt, mich wieder von ihnen verabschiedet und festgestellt, dass Abschiednehmen manchmal leichter sein kann als gedacht. Ich habe mich neu und auch anders wahrgenommen, wichtige Eindrücke gesammelt.
Morgen früh laufe ich nach Santiago de Compostela.
Aber sei nicht traurig, es war doch so schön, sage ich mir.

Vierunddreißigste Etappe: Von Arca nach Santiago de Compostela
Loslassen. Neu Zugreifen.

Und jetzt bin ich in Santiago. Es war mein Wunsch, hierher zu kommen - unbedingt. Jetzt bin ich angekommen.
Der Weg war wundervoll und einzigartig. Ich habe Menschen kennengelernt, von denen ich viel gelernt habe, die mich inspirieren. Erst gerade eben, als ich in der Stadt eintraf, hat sich wieder irgendetwas verändert. So ist es nun mal. Wir treffen uns um acht mit Stefan vor der Kathedrale und gehen zusammen essen. Was sich verändert hat, kann ich sagen: Die Zeit auf dem *Camino* geht zu Ende. Ich muss den Menschen, die ich kennenlernen durfte, auf Wiedersehen sagen. Ich erinnere mich: Es ist ein ständiges Auf und Ab. Das ist normal, und auch wenn es so sein soll, ist das manchmal nur schwer auszuhalten. Ich muss loslassen, um die Hand nach etwas Neuem auszustrecken und es begreifen zu können.

Fünfunddreißigster Tag: Santiago
Santiago

Guten Morgen. Ich habe ausgeschlafen, und dennoch bin ich müde. Der Tag beginnt mit einem Frühstück im Café, in dem wir gestern zu Abend gegessen haben. Es gibt Croissants und noch einen letzten *Café con leche* auf dem *Camino*. „Mh ...!", grummele ich vor mich hin. Es ist nicht so leicht, dem Ende entgegenzusehen.

Nahezu täglich findet in der berühmten Kathedrale die Pilgermesse statt. Ich gehe mit geringen Erwartungen hinein. Die Messe ist gewöhnungsbedürftig. Es wird einfach nicht still, alles ist die ganze Zeit in Bewegung. Ich fühle mich, als käme ich aus einer anderen, ruhigeren Welt.

Es dringt ein Gesang durch das Gebäude, ich weiß nicht woher, jemand spielt auf der Orgel. Ich flüstere Konstanze ins Ohr, dass mir nur die Orgel und der Gesang gefallen. Der größte Teil der Kathedrale ist überlaufen, und die Messe rauscht an mir vorbei wie ein unscharfer Film, dessen Handlung mir nicht ganz klar wird. Das ist aber halb so wild. Ich bin froh, dass ich da bin, um den fliegenden Weihrauchkessel zu sehen. Fünfundsiebzig Kilogramm Metall fliegen durch den Chor der Kirche. Dampfend verteilt sich der Duft von Weihrauch über den Menschen. Es ist ein eindrucksvolles Schauspiel!

Der Tag hat ganz ruhig begonnen. Im Pilgerbüro zeigt mir Konstanze alle Nachrichten, die verschiedene Leute für uns hinterlassen haben. Eine richtet sich an die Pilgerfamilie, eine weitere Nachricht stammt von Julia, die ich in Villafranca del Bierzio für eine Weile kennenlernen durfte, direkt an mich adressiert. Ich bin gespannt, was darinsteht. Ich erinnere mich daran, dass ich mich mit ihr über meine Träume unterhalten habe. Es kamen immer Pferde vor, vor allem schwarze, die mir auf dem *Camino* begegnet sind, mal im Traum, mal in der Realität.

In dem Brief bietet sie mir eine mögliche Erklärung dafür. Kurz gesagt: Es ist die Suche nach meiner inneren Kraft, nach mir selbst, wie ich mich definiere und wer ich eigentlich bin. Ich soll meine Kraft entfalten, Neues auszuprobieren. Julia hat an mich gedacht, und das macht mich glücklich.

Während ich auf meine *Compostela* warte, lerne ich einen Mann kennen. Die *Compostela* ist die Urkunde, die jeder Pilger erhält, wenn er mindestens die letzten hundert Kilometer des Jakobsweges nach Santiago gelaufen ist. Sie ist in Latein geschrieben.

Keiner der Herbergsmütter oder Väter hat ihm geglaubt, dass er bereits dreiundachtzig Jahre alt ist. Aber ja, er ist es. Sein Ausweis bestätigt es. Er ist den *Camino* komplett von Saint-Jean-Pied–de–Port bis nach Santiago gelaufen, um auf dem Weg sein Leben noch einmal Revue passieren zu lassen und es zu verarbeiten. Als er Konstanze sieht, bescheinigt er mir einen guten Geschmack. Ich muss lachen und danke ihm für das Kompliment. Aber Recht hat er. Konstanze hat etwas ganz Besonderes an sich. Ich glaube, es ist ihre Power, ihr Selbstbewusstsein, dass sie den Kopf nicht verliert und immer wieder eine Lösung findet, wenn es mal nicht gut läuft. Die Blicke und Sprüche der anderen sind ihr egal. Was soll es auch bringen, darauf Wert zu legen? Würde sie es tun, wäre sie nicht diejenige, die sie ist.

Später sitze ich mit Konstanze in einer Bar. Wir bleiben bis um ein Uhr nachts, trinken Wein und unterhalten uns. Morgen geht es mit dem Bus nach Fisterra.

Sechsunddreißigster Tag: Die Fahrt von Santiago nach Fisterra
Der Ort der Ruhe

Die Fahrt nach Fisterra dauert ganze dreieinhalb Stunden. Unterwegs müssen wir den Reisebus wechseln, da unserer während der waghalsigen Fahrt einen Getriebeschaden erlitten hat. Ich sitze die Fahrt über neben Konstanze, und mir ist hundeelend. Konstanze streichelt mir geschlagene zwei Stunden über den Rücken, um mich abzulenken und zu beruhigen. Bereits jetzt habe ich keine Lust darauf, mit dem Bus in zwei Tagen dieselbe Strecke zurück zu fahren. Kurz vor Fisterra ist es so wackelig im Bus, dass ich mich fast übergeben muss. Es kommt nur Luft, aber plötzlich geht es mir wieder besser. Bin ich froh! Der Atlantik verspricht ein Abenteuer und ist Beruhigung zugleich, während er so an uns vorbeizieht. Konstanze schläft neben mir ein. Als sie aufwacht, freut sie sich über das Meer, die Aussicht, den Ozean und die Berge in der Ferne.

Ruhe

Die Welt ist doch so still, wenn ich den richtigen Ort finde, wenn ich mal alleine sein kann.
Das dachte ich mir und zog los, diesen stillen Ort zu suchen. Ich hatte gehört, dass es ihn geben soll.
Weiß jemand, ob er weit weg ist? Weiß jemand, was es bedeutet, ihn zu finden?
Vielleicht ist es die Suche nach dem einen Ort,
dem einen magischen Platz, den es auf dieser Welt gibt.
Spielt da leise Musik? Ist es da laut vor Stille?
Und könnte ich die Ruhe an jenem Ort wirklich hören?
Möglicherweise genügt ein Augenschlag und ich bin da,
an diesem einzigartigen Ort.
Existiert er überhaupt schon als physischer Ort auf dieser Welt? Oder muss ich ihn erst erbauen, den Ort der Stille? Er ist nicht das All, das die Erde umgibt. Ich muss das Gehirn, das Denken sein lassen, für diesen Moment der Ruhe. Dann bin ich dieser Ort der Stille, der Ruhe und Einkehr. Ich finde ihn in mir selbst.

Siebenunddreißigster Tag: Aufenthalt in Fisterra
Innere Zufriedenheit

Ich sitze im Schneidersitz auf einem Holztisch und blicke auf das Meer. Vor mir breitet sich die endlose Weite des Atlantiks aus, während sich die Sonne langsam dem Horizont nähert. Ihre irisierenden Strahlen breiten sind spektral-förmig am Himmel aus und färben die letzten Wolken rot wie Feuer. Die Wellen schlagen an den

Strand, und in meinem Kopf läuft wieder der Soundtrack. Die Kraft des Wassers ist bis hierher zu hören. Unendlich weit weg ist die Sonne.
Es wird ruhiger um mich herum. Es ist der atlantische Ozean. Ich bin nach Santiago gelaufen, kann mir den schönsten Sonnenuntergang ansehen und bin einfach nur glücklich, verspüre in diesem Moment Zufriedenheit. Die Wellen schlagen an den Felsen nach oben, die Sonne färbt sich von Minute zu Minute dunkler und verschwindet schließlich zusammen mit den Wolken im Meer. *Oh, man!,* denke ich. Es ist kaum zu beschreiben!
Auf dem Rückweg treffe ich Julia. Wir unterhalten uns über den Sonnenuntergang und sehen noch einmal zurück auf das Schauspiel, das die Nacht bringt.

Ich bin dankbar für diesen wundervollen Abend. Wir sitzen draußen im Restaurant. Ich lerne Isabell kennen.
Sie ist ein sehr sensibler Mensch, den ich am liebsten ständig in den Arm nehmen würde, um ihm zu zeigen, dass er was Besonderes ist. Das tue ich schließlich auch. Ich danke Stefan für das, was er mir auf dem Weg gesagt hat und Isabell für ihre Worte. Ich bin glücklich über das, was ich gehört habe.
Ich wünsche den Menschen, die ich kennengelernt habe und denen, die ich nie kennenlernen werde, selbstverständlich auch denen, die ich bereits kenne, und die zu mir gehören, meiner Familie, alles erdenklich Gute!
Gute Nacht.

Achtunddreißigster Tag: Am Strand von Fisterra - Praia Mar de Fora
Letzter Tag am Meer

Diesen Tag verbringen wir am Strand. Es ist so wunderschön hier. Ich laufe die Küste entlang, zu den Steinen im Wasser, und finde gefühlt alles, was es an kleinen Tieren geben kann. Krebse, die seitwärts laufen, bunte Sang-Muscheln, Schnecken, kleine Fische. Alles in mehr oder weniger kleinen, aufgewärmten Pfützen, die die Wellen zwischen die Felsen gespült haben.

Es ist so faszinierend, das zu sehen, was ich mir erträumt habe, ohne es vor Augen gehabt zu haben. Erst vor kurzem saß ich doch noch zu Hause und sagte: „Ich laufe erst einmal nach Santiago, dann geht es weiter nach Fisterra ... vielleicht." Und jetzt ist morgen schon mein letzter Tag. Donnerstag geht es mit dem Zug nach Madrid. Von da aus entweder mit Bahn oder Flugzeug zurück nach Berlin.

Den Sonnenuntergang heute Abend sehen wir uns alle zusammen am Strand an. Konstanze, ich und ein weiteres bekanntes Pilgergesicht. Ich muss gerade an gar nichts denken. Ich genieße es. Langsam wird mir kalt. Unterwegs zur Herberge treffe ich zwei Frauen wieder, die ich auf dem *Camino* kennengelernt habe. Wir reden kurz, bevor wir uns alle schlafen legen. *Buenas noches.*

Neununddreißigster Tag: Fisterra
Danke.

Ich sitze hier auf dem Stein und genieße meinen letzten Tag am Ende der Welt. Das Wasser ist heute ganz unbewegt, es geht keine einzige Welle. Eine Möwe hat es wohl auf mich abgesehen und attackiert permanent meinen Kopf. Das liegt wohl an den schwarzen Haaren, die für sie aussehen wie ein Nest. Sie kommt auf mich zugeflogen und zieht kurz vor meinem Kopf die Füße ein. Mehrmals! Bis ich schließlich genervt mein Tagebuch schließe und wieder Richtung Herberge gehe. Am Bus in Fisterra verabschieden wir uns mit einem lachenden und einem weinenden Auge voneinander. Konstanze schenkt mir zum Abschied *Der kleine Prinz* auf Spanisch. Alle wünschen eine gute Reise, und ich mache mich auf den Weg nach Madrid.
So geht die Reise wohl zu Ende. Aber vielleicht ... Wer weiß, wo es mich in den nächsten Jahren noch hintreibt.

Eine schöne, lehrreiche Zeit durfte ich gemeinsam mit Dir auf dem Camino verbringen. Bäume umarmen, Cookies essen, durch Sonne und Regen wandern. Vielen Dank für dieses gemeinsame Gehen, jeder für sich und doch gemeinsam.

Machs gut! Ein Pilger